『 治 国 良 臣 』 系 列

浩气凛然
文天祥

姜正成◎编著

郑州大学出版社

郑州

图书在版编日（CIP）数据

浩气凛然——文天祥 / 姜正成编著 . —郑州：郑州
大学出版社，2018.1
　　（治国良臣）
ISBN 978-7-5645-4236-8

Ⅰ . ①浩… Ⅱ . ①姜… Ⅲ . ①文天祥（1236—1282）
– 传记 Ⅳ . ① K827=442

中国版本图书馆 CIP 数据核字（2017）第 078735 号

郑州大学出版社出版发行
郑州市大学路 40 号　　　　　　　邮政编码：450052
出版人：张功员　　　　　　　　　发行部电话：0371-66658405
全国新华书店经销
虎彩印艺股份有限公司印刷
开本：710 mm×1 000 mm　1/16
印张：15
字数：201 千字
版次：2018 年 1 月第 1 版　　　　印次：2018 年 1 月第 1 次印刷

书号：ISBN 978-7-5645-4236-8　定价：43.80 元
本书如有印装质量问题，请向本社调换

前 言

文天祥，吉州庐陵（今江西吉安）人，南宋民族英雄。他幼年勤学，入白鹭洲书院读书，二十一岁考中状元。后历任签书宁海军节度判官厅公事、刑部郎官、江西提刑、尚书左司郎官、湖南提刑、知赣州等职。

宋恭帝德祐元年（1275年）正月，因元军大举进攻，宋军的长江防线全线崩溃，朝廷下诏让各地组织兵马勤王。文天祥立即捐献家资充当军费，招募当地豪杰，组建了一支万余人的义军，开赴临安。

当时，文武官员都纷纷出逃。谢太后任命文天祥为右丞相兼枢密使，派他出城与伯颜谈判，企图与元军讲和。文天祥到了元军大营，却被伯颜扣留。谢太后见大势已去，只好献城纳土，向元军投降。

伯颜企图诱降文天祥，利用他的声望来尽快收拾残局。文天祥宁死不屈，伯颜只好将他押解北方。行至镇江，文天祥冒险出逃，经过许多艰难险阻，辗转到达福州，被小皇帝宋端宗赵昰任命为右丞相。

文天祥对张世杰把持朝政极为不满，又与陈宜中意见不合，于是离开南宋王朝，以同都督的身份在南剑州（今福建南平）开府聚兵，指挥抗元。

祥兴元年（1278年）冬，文天祥在率部向海丰撤退的途中遭到元将张弘范的攻击，兵败被俘。

文天祥服毒自杀未遂，被张弘范押往崖山，敌人让他写信招降张世杰。文天祥说："我不能保护父母，难道还能教别人背叛父母吗？"张弘范不听，一再强迫文天祥写信。文天祥于是将自己前些日子所写的

《过零丁洋》一诗抄录给张弘范。张弘范读到"人生自古谁无死，留取丹心照汗青"两句时，不禁也受到感动，不再强逼文天祥了。

在崖山海战惨败后，陆秀夫背着八岁幼帝赵昺跳海而死，南宋灭亡。张弘范向元世祖请示如何处理文天祥，元世祖说："谁家无忠臣？"命令张弘范对文天祥以礼相待，将文天祥送到大都（今北京），软禁在会同馆，决心劝降文天祥。

忽必烈亲自劝降也失败了，文天祥视死如归，从容就义。

文天祥殉难后，人们以各种方式纪念他。曾经参加义军的王炎午写了《望祭文丞相文》，赞扬文天祥像岁寒的松柏一样坚贞。他的死，使"山河顿即改色，日月为之韬光"。1323年，在文天祥家乡吉州的郡学里，他的遗像挂在先贤堂，与欧阳修、杨邦义、胡铨等并列祭祀。1376年，北京教忠坊建立了文丞相祠，后来，他的家乡吉州庐陵也建立了文丞相忠烈祠。文天祥的文集、传记在民间流传很广，历久不衰。

在抗元过程中，文天祥对忠君与爱国二事处理得非常恰当。宋恭帝投降前，他起兵勤王；宋恭帝投降后，他没有跟着投降，而是坚持"君降臣不降"。后来，文天祥兵败被囚，元朝又利用宋恭帝去劝他投降，他还是不从。在他看来，宋恭帝是君主，不幸而失去国家，值得同情。但当此之时，社稷为重，君为轻，他绝不能因忠君而改变他忠于国家的信念。文天祥不是愚忠，他是为保全国家、捍卫本民族的文化信仰和生活方式而战斗的。他是中华民族的英雄，是儒家思想塑造出来的崇高人格的代表。

文天祥的故事带给我们很多启示：该如何做人，人是不是要有点精神？国家前途与个人命运息息相关，覆巢之下，岂有完卵？如何评价儒家思想和理学？在今天我们是否要居安思危？

一个伟大的人物永远不会远去。

目　录

 辛苦遭逢起一经

江西庐陵（今江西吉安），是一个山川秀丽、人才辈出的地方。这里素有"文章节义之邦"和"江西望郡"之称，当地风俗是崇尚儒学，敬老尊贤，豪杰之士喜宾客，重然诺，轻货财。宋代有两位杰出人物出生在庐陵，一位是北宋前期的欧阳修，另一位便是生活在南宋末年的文天祥。

 身世浮沉雨打萍

开庆元年（1259年），国家形势严峻起来。

一年前，蒙古军就开始南进了，他们兵分三路，从不同方向推进，准备时机成熟后，给南宋政权以毁灭性打击。而丁大全为了粉饰太平，既不如实向理宗皇帝报告军情，也不积极准备御敌。等到理宗突然发现蒙古军要渡长江攻打鄂州（今武昌）时，一下子慌了手脚，朝廷里一片混乱。在这个紧急关头，文天祥觉得不能不挺身而出。

目

录

别有人间行路难

文天祥的仕途可谓忽起忽落，朝廷不重用他，但也没有忘记他。想起他来，就把他调动一下，好在他已经习惯了。

咸淳五年（1269年）三月，江万里出任左丞相，马廷鸾出任右丞相兼枢密使。由于江、马的推举，文天祥被任命知宁国府（今安徽宣城）。

文天祥对官场的翻云覆雨已经厌倦了，不太愿意离开文山。但朝廷不允辞免，十一月，他只好赴任。

山河破碎风飘絮

南宋失去襄阳之后，败亡之势已不可挽回，在当时的三大战场上，四川战场早已残破，宋军只能偏居川东一隅，苦守长江上游门户；京湖防线在失去襄阳之后，鄂州前方已无屏蔽，随时都有被元军攻克的危险，只有两淮防线尚属稳固。可是元军既然已有能力从中路打开局面，两淮防线也就失去了意义。因此，国家的兴亡已经命悬一线，南宋君臣们还能有什么作为呢？

 干戈寥落四周星

正月十三日，文天祥接到朝廷的勤王诏书，命他"疾速起发勤王义士，前赴行在"。他捧读诏书，泪流满面。文天祥一向以身许国，如今国运垂危，岂能坐视。

国家已到了存亡最后关头，只要能抗战的，都是爱国者，现在最重要的是把每个人的能力激发出来，不要循规蹈矩了。文天祥主张，只要愿意抗敌，哪怕是盗贼、刑徒也可以吸收进来。在他这种破格用人政策的感召下，大批抗元志士迅速集中到他的麾下。

不指南方不肯休

文天祥出使元营，被伯颜扣押。行至镇江，设法逃脱，辗转南归，沿途险象环生。到福安后，把他从德祐二年（1276年）正月领兵赴阙和出使元营以来所写的诗，加上他到福建后所新作的诗，编成了《指南录》四卷，并写了《后序》。

人们常以"九死一生"来形容屡遭艰险，而文天祥却有十八次死里逃生的经历。是什么在支撑他？原因正是他把拯救国难、复兴宋朝作为自己义不容辞的责任。

 孤臣血泪盈怀抱

当天夜晚，文天祥得报，元军追兵已逼近空坑。元军来势汹汹，锐不可当。同督府中多是官员和随行家属，兵力有限，根本不是元军骑兵的对手。情况紧急，刻不容缓。陈韩师立即送文天祥从小路出逃。同督府的士兵不知文天祥去向，只得猜测文天祥的所在，急速赶去护卫。元兵追骑冲进空坑，责问文天祥下落，见无人知晓，就攻破山寨，进行了一场血腥的大屠杀。

第八章 **留取丹心照汗青**

　　天荒地老英雄丧，国破家亡事业休。唯有一腔忠烈气，碧空长共暮云愁。

　　这诗句的大意是，天地荒凉，大宋灭亡，自己将要死去，国破家亡，自己复兴宋室、恢复中原的事业也不能实现了。只有一腔忠君报国、坚贞不屈的浩然正气，充塞蓝天，带着忧愁怨恨与暮云一起飘浮。

目　录

辛苦遭逢起一经

江西庐陵（今江西吉安），是一个山川秀丽、人才辈出的地方。这里素有『文章节义之邦』和『江西望郡』之称，当地风俗是崇尚儒学，敬老尊贤，豪杰之士喜宾客，重然诺，轻货财。宋代有两位杰出人物出生在庐陵，一位是北宋前期的欧阳修，另一位便是生活在南宋末年的文天祥。

书香世家

江西庐陵（今江西吉安），是一个山川秀丽、人才辈出的地方。这里素有"文章节义之邦"和"江西望郡"之称，当地风俗是崇尚儒学，敬老尊贤，豪杰之士喜宾客，重然诺，轻货财。宋代有两位杰出人物出生在庐陵，一位是北宋前期的欧阳修，另一位便是生活在南宋末年的文天祥。

南宋理宗端平三年五月初二（1236年6月6日），民族英雄文天祥诞生于庐陵县顺化乡富川，也就是现在的吉安市青原区富田镇。

文天祥的父亲文仪，字士表，号革斋，是当地有名的读书人，家里虽有些田产，但他却并不把佃户交租之事放在心上。尽管一直与仕途无缘，但他仍一如既往、不改初衷地将读书当作最大的乐趣。

文天祥是文家的老大，出生时，父亲二十二岁。第二年，文天祥的弟弟文璧也出世了。年轻的父亲非常喜欢这两个孩子，一心只想着要把他们培养成有用之才。

文仪为人正直而谦虚，心态淡雅而清高，一贯喜欢读书，为了读书，常常废寝忘食。他喜爱竹子，特意在竹林边盖了一栋书房，起名"竹居"。

文仪的朋友很多，每天都有不少上门来访的客人，无论亲疏贫富，他都热情有礼地接待，态度语气十分和蔼。他心地善良，乐于助人，在闹灾荒的年代，他常把自家的粮食拿出来赈济饥民。文天祥从小受到良好的熏陶。

待文天祥兄弟稍懂事时，文仪就常常带他们到"竹居"去。到那儿

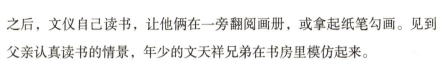

之后，文仪自己读书，让他俩在一旁翻阅画册，或拿起纸笔勾画。见到父亲认真读书的情景，年少的文天祥兄弟在书房里模仿起来。

这年，文天祥五岁了，文仪开始正规地教两个孩子读书、写字。文仪对孩子要求很严格：该背的，必须背下来；该写的，必须写好。如果完不成，轻则训斥，重则惩罚。文天祥兄弟从一开始念书，便非常用心，而且很听话。

文天祥的母亲叫曾德慈，是吉州泰和县梅溪人。曾德慈也出身书香门第，其父曾钰，字天赐，号义阳逸叟，为人豪爽仗义，议论刚正，有古君子之风。曾德慈平时省吃俭用，为了给孩子请塾师，她毫不犹豫地卖掉了簪子和耳饰。

过了几年，文家终于请不起塾师了，文仪就亲自给孩子授课。他对孩子的学业抓得更紧，每天白天讲了新课，晚上就要求孩子们在灯下背诵，光会背还不行，他还要提问，以考查孩子们领悟的程度。对孩子们没有理解的问题，他就反复讲解，父子间不断问答，直至孩子们学会弄懂。文仪还要求两个孩子将书中的警句用纸条抄录下来，贴在书斋的墙壁上、书架上、柱子上……

光阴似箭，又是几年过去了，"竹居"里一摞一摞的书，几乎让文天祥读遍了。父亲就不惜花钱，也不怕路远，四处寻找并尽可能多地买好书回来让文天祥读。有时买书钱不够，就脱下衣服到当铺当了钱，再把书买回去。每次买了新书，父亲读完就给文天祥读，然后再让他讲给弟弟听，文天祥读一遍，再讲一遍，理解得更深了，同时也锻炼了口才。

父亲文仪很讲究学习方法，从"革"字的治学观点出发，他反对死读书，主张读书、写文章都要有新的见解。在父亲的引导下，文天祥从小就养成了善于思考的好习惯，读了书，总要多想几个"为什么"，悟出些道理，再去解释社会上的现实问题。

一天，文天祥读到，春秋时齐国贤相晏婴敝车羸马（乘破旧马车）的故事时，很有感触，他立刻对父亲和弟弟谈起自己的看法："晏婴有真才实学，而不讲虚荣，现在宋朝的官员追求奢华的风气盛行，国家是难以治理好的……做人就要像晏婴那样，多想想怎样为国出力……"

由于文天祥善于思考，肯钻研，所以他少年时代写的文章就很有风骨，很有正气。以后参加进士考试，甚至做了官，他所写的文章以及发表的见解，都具有丰富的内涵和深刻的意义。

在"革"字治学思想指导下，文天祥从小就有着明确的读书目的，那就是为了济世和报国。文仪很了解当时的国家形势，他常对文天祥兄弟说："自从大宋朝廷南渡后，国势日渐腐败和衰落，而北方的蒙古族日益发展和强盛起来，他们灭西夏，占高丽，又吞并了金朝，虽然目前内部有些权力之争，但迟早是会向南方用兵的。大宋正需用人才，你们要学好本领，为国效力呀！"

 瞻仰先贤

庐陵，自古以来便是人才荟萃之地，仅宋朝就出了很多著名人物，如欧阳修（谥文忠）、杨邦乂（谥忠襄）、胡铨（谥忠简）、杨万里（谥文节）。这的确是庐陵的骄傲，人们在学馆挂起了他们的画像，供全县读书人瞻仰。

一天，父亲文仪要到县城里的学馆去，便对文天祥说，要带他去一个好地方。文天祥正想出去走走，高兴得雀跃起来。

一步入学馆大殿，就有一种庄严肃穆的气氛，文天祥一眼就看见了殿堂上悬挂的画像，忙拉父亲走到近处，一边仔细端详，一边问："这位是不是欧阳文忠公？"

"对，也就是欧阳修，你不是读过他的文章吗？"

"是的，《秋声赋》《醉翁亭记》就是他写的。"

发现儿子对读过的文章记得这样熟，文仪很高兴，就又讲起欧阳修的事："欧阳文忠公是我们庐陵的骄傲，官至参知政事。他为人刚介正直，以风节自持。他还反对浮靡文风，大力提倡古文。苏轼赞扬他'论大道似韩愈，论事似陆贽，记事似司马迁，诗赋似李白……'"

听着父亲的讲述，文天祥心中更增添了崇敬之情。

在第二幅画像前，文天祥立住了。只听父亲说："这是杨忠襄公，也就是杨邦义，他是本朝南渡初期的忠臣。一百多年前，金国统治者占领河北和中原后，又进犯江南，妄图消灭宋朝。金元帅完颜宗弼，也就是金兀术，率兵侵占了建康（今南京）。杨邦义当时正在那里任通判官，他被俘了。为表示不肯降金的决心，他咬破手指，用鲜血在衣襟上写下'宁作赵氏鬼，不为他邦臣'十个大字。完颜宗弼答应给他官复原职，他用头猛撞堂柱，血流满面，大声说：'世岂有不畏死而可以利动者？速杀我'！最后被害。"

听到这里，文天祥情不自禁地流下了眼泪，他咬紧牙关，默默地思索着。

父亲又将文天祥领到了第三幅画像前，对他说："这位是胡忠简公，也就是胡铨，同杨邦义生活的年代差不多。当时奸臣秦桧做宰相，怂恿高宗皇帝杀岳飞，并同金国订立丧权辱国的和约。这时，胡铨竭力反对，上书皇帝，要求皇帝斩下秦桧、孙近、王伦等三个奸臣的头。这篇奏章深得人心，却触怒了高宗和秦桧，他们把胡铨削职，并押解出京。直到二十多年后，孝宗即位，才把他召回。"

"胡忠简公真是了不起！"文天祥从心底发出赞叹。

几位名臣、志士的事迹，深深地打动了文天祥，在学馆大殿里，他

辛苦遭逢起一经

向父亲说："长大以后，我也要成为他们那样的人，要为国家干出一番事业来，如果我死后不能同他们那样受人祭祀，那就不是大丈夫！"

中国人有很重的乡土观念，本地出了贤才俊杰，后世的人都感到无比骄傲，并以之为楷模。这也是一种强大的文化力量。

宋代盛行理学，理学有两个显著的特点：一是重义理，二是讲伦常。在理学家看来，理是本体，是产生天地万物的根据或本原。朱熹说："未有天地之先，毕竟也只是理。有此理便有此天地，若无此理，便亦无天地，无人无物。"就是说，理是永恒的，至高无上的，也是社会的最高准则，而且具有排他性。由此推而广之，伦理纲常也是"理"的表现，天经地义，亘古不变。三纲五常的核心就是君臣之道，君为臣纲，君臣之义不容改变。

理学在强化封建礼教、维护宗法方面，起着消极的作用。但也不能说它一无是处，南宋人在注重气节、重视品德、发愤立志等方面，都受它的影响。

这就是文天祥接受教育的时代背景。在这种环境熏陶下成长起来的青年，与只会咬文嚼字、诠释儒家经典的学究是有天壤之别的。

白鹭洲书院

宝祐三年（1255年）春天，二十岁的文天祥进入吉州白鹭洲书院求学。

古代书院教育在中国学校发展史上占有重要地位，是传统文化的一颗明珠。宋代书院教育以江西最为发达，这是因为宋代江西盛行理学，理学家们以"道问学"和"尊德性"为宗旨，在各地大办书院，以培养理学人才。

　　白鹭洲书院位于赣江江心的白鹭洲之尾，由时任吉州知州江万里创建于南宋淳祐元年（1241年）。它与庐山的白鹿洞书院、铅山的鹅湖书院、南昌的豫章书院齐名，合称为古代江西四大书院。

　　据文献记载，白鹭洲的得名，源于唐代著名诗人李白诗中的"三山半落青天外，二水中分白鹭洲"。由于白鹭洲屹立于浩阔的赣江之中，双水夹流，情景正与李白之诗句相合，所以被用作洲名。

　　江万里（1198—1275年），字子远，号古心，江西都昌人。祖父江璘，一生隐居，教授乡里。父江烨，一生专治程朱理学。万里家学渊源，幼年在祖父所建的书馆内读书，神隽锋颖，连举于乡，后从父教，学《易经》。十八岁离家，赴白鹿洞书院深造，游学至隆兴（今南昌）东湖书院，拜朱熹弟子林夔孙为师问学。

　　宝庆六年（1226年），江万里以舍选出身，任池州教授。后召馆试，历任著作佐，权尚左郎官兼枢密院检详文字。嘉熙四年（1240年）

白鹭洲书院内景

辛苦遭逢起一经

出任吉州知州，从政之余，特别热心教育。

江万里为使吉州士风雍醇，乡俗质厚，于淳祐元年（1241年）即着手创建吉州最高学府白鹭洲书院。他说："某自入境以来，允为教化，为政先务……惟学校之化滋、春华秋实。"他认为只有培育人才，才能推移风情，因此把办教育列为自己施政的一项措施。

南宋淳祐六年（1246年），江万里离任后仍对白鹭洲书院很关心，还聘请了他的门生，吉安名儒欧阳守道出任书院山长。欧阳守道不负先生厚望，执掌讲席十年，从严治院。虽然当时条件很差，但在名师欧阳守道的指导和管理下，仍旧培养了大量的优秀人才，推动了吉安文化教育的发展，如文天祥、邓光荐、刘辰翁皆出其门。在他主持下，白鹭洲书院声名大震。

宝祐四年（1256年）的科举，录取六百零一名进士，其中吉州占四十四名，且大多数为白鹭洲书院学生，几乎占全国录取人数的群体十分之一，为全国之最。二十一岁的书院学生文天祥独占鳌头，宋理宗高兴地说，"此天之祥，及宋之瑞也"，亲笔题写了"白鹭洲书院"匾额，悬挂在书院大门上。从此，白鹭洲书院名扬全国。

忧患时代

文天祥的少年时期，正是南宋王朝处在内外交困的危机时期。南宋的时局为什么会发展到这种地步？这还要从北宋灭亡时谈起。

宋钦宗靖康二年（1127年），金兵占领汴京（今河南开封），俘去了徽宗、钦宗二帝，灭亡了北宋。康王赵构在南京（今河南商丘）即位，建立了南宋王朝，是为宋高宗。不久，宋高宗南渡长江，升杭州

（今属浙江）为临安府，作为南宋的首都。虽然在宋高宗南渡后的一百多年中，南宋始终处在北方金人的威胁之下，可是宋高宗以后的几个皇帝，大都满足于偏安江南的局面，再也没有光复北方国土的雄心壮志。宋孝宗曾一度准备北伐收复中原，但战事稍遭失利，即向金朝屈服，进行"和议"。宋光宗更是昏庸无能，毫无作为。宋宁宗时，权臣韩侂胄曾发动"开禧北伐"，出兵攻金，但由于当时国内阶级矛盾的尖锐，庆元党禁后统治集团内部的分裂，加上政治、经济、军事上准备的不足，北伐即告全面失败。南宋王朝在与北方金朝对峙时期，由于大规模战争的相对减少，通过广大人民群众的艰苦劳动，社会经济和文化也曾有所发展，但同时随着封建统治者对人民剥削的加重和政治的日趋腐败，封建社会内部固有的各种矛盾也就愈演愈烈。到宋理宗赵昀即位后，经济、政治、军事、文化各个方面都出现了严重的危机，甚至已经到了不可救药的地步。

宋理宗赵昀的画像

在经济方面，由于宋朝不立田制、不抑兼并，所以至南宋时期，土地兼并和赋役繁苛，成了两个突出的社会问题。在宋理宗统治时期，这种情况更为严重。

在军事方面，由于北宋初期消极地接受了唐末五代藩镇割据的教训，实行重文轻武、以文制武和"将从中御"的政策，这就大大削弱了将帅的军事指挥权限，从而使他们在战时缺乏主动性、积极性和相应的责任感，加上军事命令传达的滞后，往往是君相决策于深宫之中，而将士却致败于千里之外。理宗时

期，平章军国重事贾似道专政，相权更加严重地贬抑和束缚了将权。贾似道畏敌如虎，致使边防将士不能有效地抵御敌人的入侵。同时，宋朝一直以"守内虚外"和消极防御作为传统战略，惯于分兵驻守内地，不愿集中兵力于边疆，因此当外敌入侵时，宋军寡不敌众，只能相继败亡。理宗时期为了抵御蒙古军虽曾调集兵力于边防地区，但仍大体采取分兵守城的战略，以致被敌人各个击破。更重要的是，宋朝长期以议和苟安为传统国策。张方平曾说："自古以来，论边事者莫不以和戎为利、征戍为害。"宋高宗为了偏安东南向金朝屈辱求和，便是最明显的例子。到了南宋后期，最高封建统治者的议和苟安思想更加严重。南宋末年，贾似道消极抗元，积极求和，太皇太后谢道清还主动乞降，终于使赵宋王朝彻底灭亡。

早在宋蒙联军攻金时，金哀宗曾说过，蒙古"灭国四十，以及西夏；夏亡，必及于我；我亡，必及于宋"。果然不出金哀宗所料，蒙古在灭金后，即背信弃义，于宋理宗端平二年（1235年）六月，出兵大举侵宋。

端平三年（1236年）二月，江汉重镇襄阳失陷。襄阳在南宋号称"天下之脊，国之西门"，一旦沦陷，京湖战场门户洞开，整条长江防线也面临着崩溃的危险。这是因为在中原与鄂州之间，或因大山相隔，或因水网纵横，通道都很狭窄，不适合大军通行，但在襄阳这里，因为有汉江这条长江最大支流存在，就有了水运之利。如果从这里登船，就可以直达鄂州江面，而在这条通道的后面，虽然还有郢、复等州，但因为汉水的江面逐渐开阔，所以这几州都不具备控扼汉水、阻挡蒙古军的能力，只有襄阳才具备这样的条件。所以说如果襄阳不失，鄂州就不会轻易受到攻击，长江中游防线就仍然稳固；如果襄阳一旦丢失，鄂州前方则无险可守，蒙古军从这里上可以攻川蜀，下可以达江淮，整条长江防线也就岌岌可危了。

幸亏这是蒙古对南宋的第一次大规模进攻，仍处在一个摸索的过程，对襄阳的重要性还没有完全认识到，所以在攻占襄阳之后，只是将此处的财产、人口一掠而空，然后就撤军了，只留宋军降将游显留守襄樊，这就给南宋方面留下了一个宝贵的可乘之机，使他们后来还有机会重新构筑长江防线。否则，南宋灭亡的时间就很有可能会大幅提前了。

端平三年（1236年）十月，蒙古王子阔端率军占领成都。按照蒙古规矩，凡弓矢一发，就要屠城，成都显然要在被屠之列。可是成都作为"天府之国"的中心城市，历来都以繁华富庶而著称，阔端大概是有点舍不得了，就找来一个巫师问卜。那个巫师装神弄鬼一番后，对阔端说道："民心不归，成都是四绝死地，若往，不过二世，不若血洗而去。"阔端听完立即大书"火杀"二字，城中百姓罕有幸免者。

这次究竟有多少成都百姓死于北兵之手？据《成都县志》援引《三卯录》的一段话，翻译过来为："蒙古兵将每五十个四川人组成一个单位，先刺一遍，又怕不能死透，晚上再补刺一遍。事后，蜀人录城中骸骨一百四十万，城外者不计。"这个数字或许有所夸大，但是这种行为应该属实无疑。成都在唐朝时期，就已经富甲天下，当时就有"扬一益二"之称，是天下数一数二的繁华大都市。在唐末五代期间，成都又少有战火，自北宋中期之后，成都就再也没被战火波及过，始终都是中原王朝最大的一个财税区。可自从经历这场浩劫后，成都变得一片死寂，虽然后期有所恢复，但始终没能重现往日的辉煌。

阔端血洗成都后，带着主力北撤，但仍命大将塔海、汪世显率部四处掳掠，致使四川"五十四州俱陷破，独夔州一路及泸、果、合数州仅存"，给生活在那里的无辜百姓造成了极为惨重的伤害。对此，时人吴昌裔如此形容道："昔之通都大邑，今为瓦砾之场；昔之沃壤奥区，今为膏血之野。青烟弥路，白骨成丘，哀恫贯心，疮痍满目。"大将塔海曾一度想攻占夔州（今重庆奉节），打开长江上游通道，可是由于当地守军防守严密，蒙古军所剩的兵力又十分有限，塔海也只好烧杀劫掠一番后退兵而去。

就在阔端进入四川的同时，东路蒙古军也再度向京湖地区发起了进攻。公元1236年十月，东路蒙古军主将曲出在军中病逝，但东路蒙古军的攻势并未停止，仍在另一主将塔思的率领下猛攻南宋的蕲州（今湖北蕲春）。南宋在失去襄阳后，整条京湖防线已是千疮百孔，宋理宗不敢掉以轻心，急忙命驻守在黄州的名将孟珙前往驰援。

所幸，蒙古军不太适应江淮地区的作战条件，而这里恰巧又是南宋防御的重点部位，一直都是国内精兵猛将的集中地，而在这场战争中，孟珙、杜杲、余玠等一批优秀将领，又都在关键时刻发挥了关键作用，成功地阻挡了蒙古军南下的步伐。

蒙古军攻占成都之后，就火杀而去，没有派兵留守，得到襄阳之后，也是在焚掠一空后即告撤军，只留南宋的降将游显在这里驻防，显然是没有给予重视。而南宋方面对襄阳的重要性却有着清醒的认识，因此当宋军在两淮地区连续击退蒙古军之后，就有心从蒙古军手中夺回襄阳，重新构筑荆襄防线。

公元1238年十月，宋理宗将孟珙升为京西湖北路制置使，正式命他率部收复襄阳。宋理宗将收复襄阳的任务交给孟珙，应该是个明智的选择，而在蒙古大军已经北撤的前提下，收复襄阳对于孟珙来说也并不困难。孟珙是当年十月接到的命令，到次年正月就已经进了襄阳城里，随后又派兵收复了光化军、蔡州，轻轻松松就把边境线恢复到宋、蒙开战前的状态。

不过，孟珙心里非常清楚，这么轻松就收复襄阳，并不代表宋军有多么强大，而是因为蒙古根本就没把襄阳看在眼里，不过总有一天，蒙古军将会认识到襄阳的重要性，到时又该如何将襄阳守住，就成了

问题的关键所在，因此在他踏入襄阳之后，就马上给朝廷上表，要求增加兵员，加固城池，以迎接更严酷的战斗。

宋朝的经济和文化非常发达，但在军事上远远不是蒙古的对手。在冷兵器时代，一匹战马加上一个擅使弓箭的骑手，就是最先进的战斗力。

一个以文治国的江南政权，纵有再精致的文明，一遇到凶蛮的蒙古骑兵，也是一筹莫展。生活在文天祥那个时代的南宋人民，都有一种国家将亡、孔孟文化也难以持续的担忧。

赴京赶考

南宋理宗时期，朝廷虽然已处于内忧外患的困境之中，但是只要国家机器仍在运转，一切行政事务仍必须继续办理，事关选拔官员的三年一次的科举考试当然也要照常举行。

宋理宗宝祐三年（1255年），又到了三年一次乡试的大比之年。这年，文天祥二十岁，正逢"弱冠"之年，即已由少年进入成年的阶段。《宋史·文天祥传》说他"体貌丰伟，美晰如玉，秀眉而长目，顾盼烨然"。刘岳申的《文丞相传》也说他"英姿隽爽，目光如电"。可见，文天祥已成长为一个身材高大、皮肤白皙、神采英俊、仪表堂堂的美男子。他读书多年，自幼有将来"尽忠报国"的抱负。他

襄阳古城

之所以"俯首时文"从事举业，是为了求得"自奋之路"，"借此脱韦布，盖将有所行于时"。如今既然到了大比之年，他就与大弟文璧、二弟文霆准备去吉州参加乡试。乡试在八月份举行。这时文霆十六岁，不巧的是在乡试前一个多月，他突然生了重病，并且病势凶险。文霆自知难以逃过此劫，便用笔凄然在纸窗上写下了"出师未捷身先死，长使英雄泪满襟"之句，并于七月初撒手人寰。文仪见爱子去世，涕泪横流，悲伤万分，而且这种沉痛的心情久久未能消释。

宝祐三年（1255年）八月，吉州乡试结果，由于考官临江军通判陈尧举的拔擢，文天祥、文璧兄弟俩都被录取为贡士，又称举人。

宋代科举制度规定，省试在乡试的次年春天举行。所以文天祥兄弟成为贡士的当年年底，就要动身赴京城准备省试了。

文天祥兄弟俩见到父亲正陷于失子之痛中，唯恐他们离家赴京参加省试，将使父亲更感寂寞，增添哀伤之情，便商量决定请父亲同他们一起赴京赶考，正好可以借此机会纾散内心的痛苦。父亲同意了。

贡士参加省试，在地方上是件大事。临行前，庐陵的地方长官李迪举亲自为他们送行。就在这次送行的宴会上，文天祥写了一首《次鹿鸣宴诗》。这是我们今天所能看到的文天祥写的第一首诗：

> 礼乐皇皇使者行，光华分似及乡英。
>
> 贞元虎榜虽连捷，司隶龙门幸缀名。
>
> 二宋高科犹易事，两苏清节乃真荣。
>
> 囊书自负应如此，肯逊当年祢正平。

诗中主要写了二人同时成为吉州贡士的喜悦之情。"二宋高科犹易事，两苏清节乃真荣"两句，用北宋事典，而慕"两苏（苏轼、苏辙）清节"，是很有标格的。

宝祐三年十二月十五日（1256年1月14日），文天祥与父亲、弟弟从庐陵启程，取道江南东路的信州，前往临安。这是文天祥第一次离开家乡，开始走向更广阔的天地。他们在途经玉山县时，遇见一位和尚。和尚指着文天祥对文仪说："此郎必为一代之伟人，然非一家之福也！"为人看相算命的人一般都有丰富的社会阅历，这个和尚也许从文天祥气宇轩昂的外貌中窥见了他正直的性格，并根据性格决定命运的一般道理，结合当时腐败的政局，预测到文天祥必将有一番去邪扶正、逆风搏浪的作为，从而为自己招来杀身之祸。和尚的预言，给本来已有丧子之痛的文仪，又加上了一重心理上的压力。文仪曾将在玉山遇见和尚这件事，写信告诉了他的弟弟文信。

宝祐四年（1256年）正月初，文天祥到了临安。自从宋高宗绍兴二年（1132年）临安府被定为南宋首都以来，经过一百二十四年的建设，当时临安府已拥有一百三四十万人口，仅京城内也有四十三万两千多人。临安作为全国第一大都市和政治、经济、文化中心，建筑巍峨，街市热闹，商业繁荣，人才荟萃，使文天祥大开眼界，增进了对国家和社会的认识。

文天祥、文璧进京不久，随即参加了由礼部主持的省试。省试连考三日，每日一场。文天祥参加的是经义进士考试。考完后，试卷实行封弥、誊录，然后考校、定等，最后奏上字号，拆封出榜。当年礼部试的考官看了文天祥的考卷，十分欣赏，将他列为首选。二月初一，礼部放榜，宣布省试录取名单，文天祥、文璧都榜上有名，成了奏名进士，取得了参加殿试的资格。而殿试将在五月初八举行，还有三个多月时间。

真是天有不测风云，谁料殿试前几天，文仪突然病倒，全身发起高烧来。殿试在即，父亲病重，文天祥、文璧非常着急。如果把父亲单独留在寓所，无人照料，后果不堪设想，岂能作此不孝之举。这时，文仪

权衡利弊，也许是他对文天祥有更高的期望，认为文天祥的学问要比文璧略高一筹，于是，便果断决定命文天祥先去参加殿试，留文璧在自己身边服侍。

宝祐四年（1256年）五月初八，殿试的日子到了。这天凌晨，天还没有亮，那些省试录取榜上有名的士子，纷纷来到了皇宫南面的正门丽正门前，准备进宫去参加殿试。殿试前两天，文天祥却患了腹泻，并且不能进食。初八凌晨，天还没亮，他勉强起床，却无力行走，便雇了一顶轿子，抱病匆匆赶往考场，身体几乎不能支持。根据殿试考场制度规定，考生只许提考篮入场，不准夹带文集或绣体私文之类的东西，以防考试作弊。所以，他们在来到丽正门之前，在经过皇宫内城东华门时，每人都被搜了身。

黎明时，宫中殿直高声宣布，考生们可以开始从丽正门旁门入宫。于是，轰然一声，大批考生争先恐后地向旁门拥去，人群顿时乱了起来。文天祥随着拥挤的人流，奋力挤入宫中，全身大汗淋漓，但顿觉头脑清醒，身体也感到轻松了许多。入宫以后，由于考生们头一天早在宫门前公布的考生座位图中，查看了自己的座号，所以他们在殿直引导下，各自在集英殿南廊的考棚中对号入座，准备进行答卷。

殿试对策

文天祥在考棚中坐定后，先从考篮中取出笔墨纸砚文房四宝，随即翻阅御试策的试题。

原来，理宗皇帝为了克服南宋王朝的统治危机，曾竭力提倡朱熹的理学。但由于他看重的只是理学家的尊君观念，却抛弃了儒家的民本

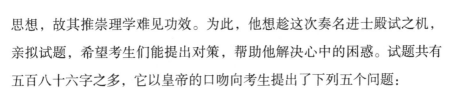

思想，故其推崇理学难见功效。为此，他想趁这次奏名进士殿试之机，亲拟试题，希望考生们能提出对策，帮助他解决心中的困惑。试题共有五百八十六字之多，它以皇帝的口吻向考生提出了下列五个问题：

一、道之大原出于天，其存在于日用事物和仁义礼智、刚柔善恶之中。由修身、致知而齐家、治国、平天下，是圣人传道的结果。朕临政愿治，却为什么"志愈勤，道愈远"？

二、上古时天下太平，这是圣帝体道的功效，然而为什么后继之王忧勤执政却达不到以往的效果？帝王之劳逸为何如此悬殊？是否所行之道各有不同？或者道之外还有法呢？

三、从理欲之消长可以检验世道之清浊。可是为什么在汉、唐君主之中务德化、施仁义者却不能使国家大治，而不行仁积德者却可以凭借纪纲制度来维持统治？

四、朕日夜望治，灾异却不断发生，人民生活贫苦，人才缺乏，士气浮华，国家财政困难，军事力量薄弱，盗贼未靖，边防紧急，这究竟是天道失去了作用呢？还是教化没有普及？

五、行道久可见功效，朕有心行道已久，为何未见功效？"变则通，通则久"，今天可以不断变更政策吗？

最后，理宗表示自己孜孜求治，愿意虚心听取"至切之论"，但希望考生们在提出对策时能做到"勿激勿泛"。

文天祥看清了试题，略加思索，即文思泉涌，运笔如飞，未打草稿，就写成了一篇上万字的《御试策》，对理宗皇帝的提问一一做了回答，并结合时弊，提出了相关的建议。

在文中，文天祥认为，天变是由民怨招之。这虽说是唯心主义的看法，但难能可贵的是，他敢于大胆暴露社会的黑暗面："陛下以为今之民生何如邪？今之民生困矣。自琼林、大盈，积于私贮，而民困；自建章、通天，频于营缮，而民困；自献助迭见于豪家巨室，而民困；自和

籴不间于闾阎下户，而民困；自所至贪官暴吏，视吾民如家鸡圈豕，惟所咀唼，而民困。呜呼！东南民力竭矣。"琼林、大盈是唐代皇帝贮藏贡物、珍宝的私人仓库，建章宫、通天台为西汉武帝所建，此处借用隐喻宋皇室敛财劳民，导致民困。最后一句，简直是在大声疾呼。忠言逆耳，如果不是体恤民间困苦，为国家社稷着想，怎会冒着触怒龙颜的危险直抒己见？

他指出，当前人才缺乏是由于士习蛊之所致，并对当时的社会风气进行了猛烈的抨击："今之士大夫之家，有子而教之。方其幼也，则授其句读，择其不戾于时好，不震于有司者，俾熟复焉。及其长也，细书为工，累牍为富。持试于乡校者以是，较艺于科举者以是，取青紫而得车马也以是。父兄之所教诏，师友之所讲明，利而已矣。其能卓然自拔于流俗者几何人哉？"这个论述是深刻的。封建社会一般士大夫对子女的教育只是为了通过科举考试的途径，"取青紫（官服的颜色）得车马"，唯利是趋。在这种教育制度下，有几人能自拔于俗流呢？结果只能造就出趋附权贵的势利之徒，而不是理国治民的有用之才。因此他提出："厚今之人才，臣以为变今之士习，而后可也。"真是一语破的，而且在今天看来，也仍然有其价值所在。

针对国家衰弱外敌入侵的情况，在于兵力不足，因此"招兵之策，今日直有所不得已者"。招兵需要钱财，但大量的钱财却被白白浪费，比如"琳宫梵宇，照耀湖山；土木之费，则漏卮也"，以及"霓裳羽衣，靡金饰翠；宫廷之费，则尾闾也"等，能用于养兵的究竟有多少呢？对此弊端，文天祥的对策是"天下之财专以供军，则财未有不足者"。这也就是集中有限的财力办大事的思路。

文天祥认为外部的虏寇不足畏，内部的盗贼也不足畏，而两股势力的联合才是心腹大患。至于对付两者的先后急缓，他的观点是内部的盗贼一清，"边备或于是而可宽矣"。南宋是我国历史上民族矛盾空前激化的时代，但封建统治者在绝大部分的时间里，都是防内忧（包括农民起义，即所谓的"盗贼"）甚于防外患。此时的文天祥虽然想到了"盗贼而至于通虏寇"的最可怕后果，但在对两者的态度上，与同时代统治集团中其他成员的认识并没有什么不同。

他谈了四个具体问题后，提出了总的建议，即"开公道之门""寿直道之脉"。具体的方法，就是"使中书得以公道总政要，台谏得以直道纠官邪"。

综观文天祥的《御试策》，其中心思想在于要求当政者"法天地之不息"，即根据当时社会和国家的形势，不断改革，不断创新，去弊求利，使社会安定，国家富强。这充分显示出文天祥的爱国热情和对民族兴衰的责任感。

这篇近万字的对策，从"法天不息"开头"为陛下勉"，以"公道""直道"结尾"为陛下献"，洋洋洒洒，大气磅礴。全文的议论扣紧主题，层层推进，旁征博引，说理透彻。表述多采用对比、排比等修辞手法，读起来铿锵有力，而且行文流畅，挥洒自如。出自一个二十一岁的年轻人之手，着实不易。

新科状元

宝祐四年五月二十四日，殿试放榜的日子终于到了。考生们再次聚集在集英殿前，静候放榜唱名。这时，复考检点官是南宋著名的学者王应麟，他正在将殿试录取的试卷上呈给理宗皇帝审阅，以便由皇帝最后确定进士的甲第和名次。理宗阅读第一篇文章，觉得这个考生的文才果然出众，忠心也可嘉，但他竟在试卷上直指董宋臣、丁大全

等自己亲信的名字，肆行斥责，有违答卷"勿激勿泛"的要求，今且如此，将来为人臣未免不恭，于是将他抑置于第二甲赐进士出身。原来这是信州考生谢枋得的卷子，"考官佳之，欲俾魁天下"。当时试卷封弥，看不见姓名。

理宗依次阅览，看到第七名，见此人才华与忠心均不亚于第一名，虽然他也批评了朝政的种种缺失，但措辞尚有分寸。尤其是这考生主张剿灭国内"盗贼"以除心腹之患，正中自己心意。更重要的是考卷中大谈理学，要求皇帝努力行道，录取了这名考生，可用来表明自己提倡理学、临政愿治、有志行道的诚意。

理宗问："他是何方人氏，这篇策论理应排第一，怎么排在第七呢？"

王应麟一听，正中下怀，因为在评卷时，他提出此卷应为首卷，却遭到其他人的反对，现在天子提出点为头名，他为何不乐？忙说："我等有眼无珠，不识金玉，罪该万死。"第一名就这么定了。

唱名即将开始，卷头封弥全被拆除。理宗瞥了一眼新科状元的名字，见是"文天祥"，心中十分高兴，便点头笑道："此天之祥，乃宋之瑞也！"皇帝说的话是"金口玉言"，既然皇帝给"文天祥"二字作了注释，此后，朋友们就又以"宋瑞"为字称呼文天祥。

同科及第的人彼此称同年。文天祥的同年中，有两位孤忠劲节的人物：一位是第二甲第一名谢枋得，信州弋阳人，时年三十岁；另一位是第二甲第二十七名陆秀夫，楚州盐城人，当时只有十九岁。但这一次，文璧落榜了。

当天，文天祥又出宫骑马游街，真是春风得意马蹄疾。第二天，他听说父亲的病复发，便立即向朝廷请假，并不等朝廷答复，就匆匆赶回临安客栈去服侍父亲。朝廷下旨准了文天祥三天假。文天祥见父亲虽然生病，但神色清爽，与无病一样。医生会诊把脉，都说不用担心。其实，文仪因剧烈的丧子之痛和旅途劳累，体质早就大降，加上高烧的摧残，已病入膏肓。文天祥见他神色尚好，这也许是因为他得知儿子中了状元感到特别振奋，也可能只是一种危重病人常有的回光返照。

果然，到了五月二十八日，文仪病情又突然加重，连汤药也不能进口。他自知大去之期已到，便嘱咐文天祥、文璧说："度吾不能起此疾，汝兄弟勉之！"他还特别对文天祥说："朝廷策士，擢汝为状头，天下人物可知矣。我死，汝惟尽心报国家。"文天祥、文璧听了父亲的话号啕大哭，诚心祷告上苍，愿以身代父亲之死。可是，这又有什么用！当天夜晚，文仪与世长辞，享年四十二岁。

次日天亮，临安府将文仪病逝的消息上报朝廷，朝廷即派官吏来为文仪治理丧事，同榜进士也纷纷送来礼金。文天祥见回家的路费已勉强凑足，便不等"门谢"，于六月初一与文璧一起离开临安，扶柩回乡。沿途人士，闻状元丧父，都来送礼，文天祥根据自己的处世原则和为人风格，以君子不能藉丧事敛财，对路人的馈赠，一概谢绝。

七月二十四日，文仪的灵柩终于回到了庐陵县富川老家。文天祥的母亲曾德慈见丈夫去世，哭得死去活来。乡亲们见失去了文仪这样一位"有德君子"，也无不失声痛悼。

宝祐五年（1257年）九月初九重阳节，文仪被安葬于庐陵县富川之佛源。文天祥撰《先君子革斋先生行实》，记述了父亲的生平及其高尚品德和对子女的谆谆教导。

第二章

身世浮沉雨打萍

开庆元年（1259年），国家形势严峻起来。

一年前，蒙古军就开始南进了，他们兵分三路，从不同方向推进，准备时机成熟后，给南宋政权以毁灭性打击。而丁大全为了粉饰太平，既不如实向理宗皇帝报告军情，也不积极准备御敌。等到理宗突然发现蒙古军要渡长江攻打鄂州（今武昌）时，一下子慌了手脚，朝廷里一片混乱。在这个紧急关头，文天祥觉得不能不挺身而出。

反对迁都

宝祐六年（1258年）八月，文天祥服丧期已满，有人劝他上书宰相求官，但他却毫不在意地说："不急。"吉州知州有心替他向朝廷提出申请，也被他婉言谢绝了。

这两年来，随着对朝廷内部认识的深刻，文天祥已经不热心出来做官了。当时，理宗在朝廷中重用的是董宋臣和丁大全两人。董宋臣是理宗的内侍宦官，最善于讨好献媚。为了供理宗享乐，他不惜花费重金在宫中修造芙蓉阁、香兰亭，招进舞女娼优，因而很受宠爱。丁大全则靠巴结董宋臣爬上去，当上了参知政事右丞相兼枢密使。他大权独揽，不顾国家安危，为图私利，干尽了坏事。人称丁大全有四罪：绝言路、坏人才、竭民力、误边防。由于朝廷仍是奸臣当道，忠臣自然倍受排挤，因而，朝纲更败坏了。

开庆元年（1259年）正月，弟弟文璧要赴京应试，于是文天祥就陪他走水路，取道长江，一起来到临安。五月，文璧殿试中了进士，文天祥也由朝廷授承事郎、签书宁海军节度判官厅公事。三年前，文天祥中进士后因父丧没有行门谢礼，因而这次要补行之后才能赴任，就这样又拖延了一些时候。

就在这个时候，国家形势紧急起来。

一年前，蒙古军就开始南进了，他们兵分三路，从不同方向推进，准备时机成熟后，给南宋以毁灭性打击。而丁大全为了粉饰太平，既不如实向理宗皇帝报告军情，也不积极准备御敌。等到理宗突然发现蒙古军要渡长江攻打鄂州（今武昌）时，一下子慌了手脚，朝廷里一片混乱。

胆小如鼠的宦官董宋臣，极力劝理宗皇帝迁都四明（今宁波），以避开蒙古军的进攻。他振振有词地说："四明靠海，如果蒙军逼近，可以乘海船逃走。当年金兀术渡江时，高宗就是由临安到四明，乘海船才保住性命的。"

要不要迁都，理宗一时拿不定主意，他让大臣们计议。

军器大监何子举对宰相吴潜提出："若上行幸，则京师百万生灵，何所依赖？"

御史朱貔孙也说："銮舆一动，则三边之将士瓦解，而四方之盗贼蜂起，必不可。"

据说，理宗曾就迁都问题征询吴潜的意见，他问吴潜："蒙古兵日益迫近，计当如何？"

"只得迁都暂避。"吴潜直率地回答。

"卿家如何？"理宗又问。

"臣当守此御敌。"吴潜认为皇帝是国家的象征，只要皇帝安全，国家一时有难，还是有希望的。自己身为宰相，守土有责，当然不能离开京师。

想不到这句话竟引起了理宗的疑心，他毫不留情地反问："卿家想做张邦昌吗？"

张邦昌比秦桧更加声名狼藉，在南宋是人人唾骂的叛徒。理宗的猜忌，让吴潜觉得这不仅是对他的不信任，而且也是极大的侮辱，他再不愿说话了。

这时朝廷中笼罩着失败、逃跑的气氛，南宋处于极端危急的境地。迁都消息一传出，临安城里顿时闹得风声鹤唳，达官贵人都收拾行装，准备逃往别处，一般百姓惶惶不可终日。

在这个紧急关头，文天祥觉得不能不挺身而出。他预料到自己职卑

身世浮沉雨打萍

言轻，皇帝未必能采纳自己的意见，但骨鲠在喉，不吐不快。他还没有就任，不能用职衔向皇帝上书，便以"敕赐进士及第"的身份，写了那篇著名的《己未上皇帝书》。

在朝佞臣中，去了一个丁大全，还有董宋臣在。董宋臣畏敌如虎，蒙古军还远在鄂州，他就企图逃跑，劝皇帝迁都四明。文天祥刚进京就闻知此事，万分愤怒。如果皇帝一走，六军无主，敌兵将乘虚而入，这岂是儿戏！他再也忍不住了，便在完成门谢礼之后乘奉诏献书的机会，于十一月间不顾一切地写了《己未上皇帝书》，向理宗冒死直谏，并提出了克服国家危机的一系列建议。

在这篇奏章中，文天祥揭露了董宋臣的罪行，指出迁都之议是小人误国，此议如果实行，"六师一动，变生无方"，"京师为血为肉者，今已不可胜计矣！"他认为董宋臣恶贯满盈，不把他处斩，举国上下的怨怒无法消解；中书的政令不得施行；敢于直言的贤才就有所顾忌，不敢出来任事；敌人的气焰不会被打下去；将士的忠义之心不能激发起来，国家的祸患就没有平息的日子。

这些慷慨激昂的议论，不只是发自文天祥的肺腑，也是朝野许多正直之士的公论。当然，即使立即处斩董宋臣，矛盾也不能得到解决，局势也不会立即好转，但他希望理宗通过对董宋臣的处置作为开端，表示有悔悟的心迹，从而刷新政治，激励人心，挽救宋朝的危亡。他特别对理宗提出忠谏："方今国势危疑，人心杌陧。陛下为中国王，则当守中国；为百姓父母，则当卫百姓。且夫三江五湖之险，尚无恙也；六军百将之雄，非小弱也。陛下卧薪以励其勤，斫案以奋其勇，天意悔祸，人心敌忾，寇逆死且在旦夕。"

这段话很尖锐，很有气魄，却也是实事求是，符合实际情况的。

"三江五湖之险，尚无恙也"，这种看法不是没有道理的。蒙古崛起以后，成吉思汗率大军二十万进入中亚，灭亡花剌子模，越过高加索山进入顿河流域草原地区，所向披靡。窝阔台继任大汗后，东征高丽，南灭金国，又派大军远征欧洲，在他们所占领的地方先后建立了窝阔台、察哈台、钦察、伊儿四个汗国。但是蒙古和南宋的战争已进行了二十五年，虽然蒙古兵也曾饮马长江，侵入南方，但东南半壁江山并未沦丧，四川许多地方和京湖（当时指湖北一带）一带都还在进行抵抗，说明了灭亡南宋并不容易。

还有一个重要原因是中国西部、南部山峦重叠，河湖布列，不利于骑兵的纵横驰骋。特别是南方需要水战，蒙古兵和北方兵都不习惯，力量较难施展。如果宋军据险抵抗，蒙古兵不一定能占到便宜。

"六军百将之雄，非小弱也"，这也是事实。军民的反击是蒙古征服南宋的重大障碍。二十多年来，蒙古兵虽然打过许多胜仗，但也多次遇到激烈抵抗，吃过大亏。如端平二年（1235年）阔端率兵入侵四川时，利州（今广元）守将曹友闻在青野原、大安两次击败蒙古兵。嘉熙元年（1237年）蒙古军进攻黄州，被孟珙击退。第二年，宋朝任命孟珙为荆湖制置使，孟珙出兵三次，连战皆捷，接连收复信阳、樊城、襄阳、光化等军事要地，荆襄形势为之一变。也在这一年，察罕率兵围攻庐州（今安徽合肥），在巢湖造船，企图进攻江南。宋安抚使兼知庐州杜杲派舟师和精锐部队扼守淮河要地；六合人赵时赏率领两淮民兵参加保卫庐州的战斗，蒙古兵攻势受挫，转而进犯滁州（今安徽滁州）。知招信军（今江苏盱眙北）余玠提精兵救援，蒙古兵乘虚进攻招信军，被余玠回师猛击，死伤无数。这时，镇江知府吴潜也组织民兵夜渡长江，攻击蒙古军营寨。这支侵扰江淮的蒙古兵，终于在官军、民兵的联合攻击下，损兵折将后北撤了。

四川军民的斗争也同样取得多次胜利。合州钓鱼城的大捷就是一次典型战例。淳祐二年（1242年），余玠任四川制置使兼知重庆府时，设立招贤馆，征求防守四川的建策。播州（今贵州遵义）冉琎、冉璞兄弟建议在重庆北面钓鱼山等处修筑山城，又在嘉陵江、沱江沿岸险要的地方修建山城十余处，因山筑垒，屯兵聚粮，据险防守。蒙古兵几次入侵，都被宋军打败。这次蒙哥亲率主力部队进攻重庆、合州（今四川合川）时，余玠已经死了，知合州王坚坚决抵抗，蒙古兵猛攻数月不下。蒙哥亲自到城下指挥，王坚用大炮猛烈攻击，蒙哥被打成重伤，回军营后就死了。文天祥上这封奏章时，蒙哥已经死了四个月，因为交通不便，消息不灵，他还不知道。

激昂的士气，可贵的民心，说明如果朝廷能因势利导，指挥得宜，要击退蒙古兵是完全可能的。文天祥的分析是有根据的。

在奏章中文天祥还提出四项积极的建议。

第一，"简文法以立事"。他建议朝廷摒除礼仪上的繁文缛节，"用马上治"，即实行战时体制。具体做法是皇帝应在宫中选择一个地方，每日和两府大臣议论军国大事，并"博采四方之谋，旁尽天下之虑"。他认为如能做到上下如一，天下事就没有办不成的。

第二，"仿方镇以建守"。他认为宋初矫唐末、五代藩镇跋扈之弊，削弱地方的兵权、财权，这虽然避免了藩镇尾大不掉的现象，但也有不利的一面，一旦有事，州县的力量有限，守令权力微弱，无法调动兵马进行有效的抵抗。如能建立地方镇，辖几个州，选用知兵而有名望的人任事，许以调度之权，地方的力量得到加强，对抗蒙战争是有利的。

第三，"就团结以抽兵"。他指出二十家抽兵一名，一个州以二十万户计算，就能有一万精兵。一个镇有两三个州，就有兵两三万。东南各路都建立地方镇，就能增加十多万兵。只要将帅能很好地领导他们，"教习以致其精，鼓舞以出其锐"，就不怕没有可以调动的兵员了。宋初太祖南征北伐，势如破竹，当时军队还不满二十万呢！

第四，"破资格以用人"。他反对本朝用人专重资格，认为这种

文天祥纪念银章

制度常使"有才者以无资而不得迁，不肖者常以不碍资格法而至于大用"。国家有事，那些无能的废物身居要津，才能出众的人则拱手熟视，祸患怎么能消除呢？他主张"进英豪于资格之外"，只要是"豪武特达"之才，就可以破格选为将帅。

文天祥知道上这样的奏章是"干犯天诛"的行为，随时都可能遭到不测。即使皇帝宽免了他，得罪了内臣（宦官），也将招来横祸。但他感到现在是"社稷震动，君父惊虞"的"危急存亡之秋"，与其噤口结舌，坐待国家之难而后死，不如冒死进言，万一感悟天听，建策被接纳，国家转危为安，人民也有生路，这不是更好吗？因此他不顾一己的安危，向皇帝直言极谏。

随后，他又上书给宰相吴潜，也提了一些建议。

奏章送上以后，理宗置之不理。大概是他既没有进行改革的决心和魄力，又因为前线告急时惩办直臣，难免遭到朝野的非议，只好采取这个做法。

他之所以不同意迁都四明，只是因为怕自己离开京城，有人会乘机篡夺皇位。虽然文天祥竟敢如此大胆尖锐地批评皇帝及其左右亲信，理宗也不能惩罚文天祥。这是因为理宗刚下过"罪己诏"，并表示要力行不息之道，主动要求臣下上书直言，所以，对文天祥的上书，他无可奈何，只能采取不理不睬的态度，让此事不了了之。

文天祥见上书无效，大失所望。皇帝如此昏庸，奸佞依然在朝，文天祥也就不愿去当宁海军节度判官厅公事这个官，径自回庐陵老家去了。

贾似道入相

宋理宗开庆元年，即蒙古宪宗九年（1259年）十月，当南宋朝廷得知蒙古大军在忽必烈的率领下向鄂州发起猛烈进攻、前线战局危急之时，举朝震动，右丞相丁大全遭到朝野上下的猛烈抨击。宋理宗罢免了丁大全，改命吴潜为左丞相兼枢密使、贾似道为右丞相兼枢密使。因贾似道在外督军作战，实际主持朝政的只是左丞相吴潜。

吴潜在理学家中颇有声望。此次再度为相，虽已年近七十，但刚烈依旧。吴潜入相之初，便要求对丁大全、董宋臣之流实行严惩，因而与偏袒他们的宋理宗发生了冲突。不久，因鄂州、广西两路蒙古军进攻势头猛烈，吴潜对战局的判断发生了错误，忧谗畏讥，临变寡断，由于他对当时的战局丧失了信心，因而除了一味强调"臣授任之时，上流之贼已踰黄、汉而南，广右之贼蹈宾、柳而东"，将全部责任推给丁大全之外，只是建议宋理宗迁都以避兵锋。宋理宗对此极为愤怒，于是反问吴潜：如果迁都，那你自己又做何打算和安排？吴潜回答："臣当死守于此。"宋理宗流泪怒喝道："卿欲为张邦昌乎？"

当时，宦官董宋臣也出面劝说宋理宗迁都避敌，但宋理宗也没有接受他们的迁都意见。景定元年（1260年）春，当前线宋军在贾似道、赵葵等人的指挥下获得胜利后，宋理宗对吴潜的成见也就更深了。宋理宗曾公开对群臣说："吴潜几误朕。"

宋理宗没有生育能力，因而于宝祐元年（1253年）将自己的亲侄立为皇子，赐名赵禥，累封为忠王，加授镇南、遂安两镇节度使。景定元年（1260年），宋理宗有意将赵禥立为皇太子，但遭到了吴潜的反对。

吴潜为此密奏理宗，声称："臣无弥远之材，忠王无陛下之福。"宋理宗大怒，于四月十二日将吴潜罢免，又于四月十六日加封贾似道为少师，急速征召贾似道入朝主政。四月二十八日，贾似道入朝谒见了宋理宗。

贾似道（1213—1275年）字师宪，台州天台（今浙江天台）人。其父贾涉在宋宁宗时官至淮东制置

贾似道画像

副使兼京东、河北路节制使，多有军功。其嫡母史氏乃史弥忠之女。而史嵩之、史岩之则为贾似道之舅。贾似道之姐为宋理宗贾贵妃，凭借美丽而深得宋理宗喜爱。贾似道初以父荫补官，为嘉兴司仓。其后，参加科举，得进士出身。凭借其姐的关系和自身的才干，一路平步青云，历任太常丞、军器监、知澧州、湖广总领、沿江制置副使、知江州兼江西路安抚使、京湖安抚制置大使、两淮安抚制置大使等职。当他担任宰相时，年龄还不到五十岁。

贾似道崇尚铁腕政治。早在嘉熙二年（1238年）二月，时任大宗正丞的贾似道就曾向宋理宗上奏："裕财之道，莫急于去赃吏。艺祖治赃吏杖杀朝堂，孝宗真决刺面。今日行之，则财自裕。"贾似道入相伊始，便在宋理宗的支持下，针对当时贪污成风、贿赂公行以及跑官卖官、结党营私等弊病，实施了"奖廉戢贪"的一系列举措，对南宋朝政进行了大规模的整肃。

景定元年（1260年）五月，为抑制当时"士大夫奔竞之风"，贾似道秉承宋理宗意旨，首先表彰了赵景纬、欧阳守道、陈大中、陈垲、陈振孙等一批有"清节高风"和"静退之节"的官员。同时，贾

似道又向宋理宗建议，对知州、通判和监司实施"连坐之罚"，即由各州"守臣当觉察诸县"，由各路监司"觉察守倅""其有赃犯，必劾无贷"，"如州县官为监司所劾则坐郡守，守倅为台谏所劾则坐监司"。宋理宗对此大加称道，称其为"律贪之良法"，认为"连坐之罚，此风必戢"。

这种治贪的"连坐之罚"的进一步推广，便演变成为景定二年主要针对各安抚制置司的"打算法"。所谓"打算法"，即采用不同路分交叉核查的方法，如指派浙西清查湖南、浙东清查江西等，对各安抚制置司的所有财务账目进行严格清查。在这场大规模的清查中，许多重要官员都受到了惩处，如两淮安抚制置使杜庶、沿江制置副使史巖之、广西制置使李曾伯、湖南制置副使向士璧等人都因有贪污之嫌而受到审查，备受折磨，甚至累及妻子儿女。

总之，在景定元年至二年间，由于贾似道对南宋朝政进行大规模的整肃，以致"大小之臣追停迁放，无月而无"。

在贾似道入相前，深得宋理宗宠信的宦官董宋臣由于建议迁都之事已受到了处分，被贬为提举台州崇道观，在安吉州居住。贾似道入相后不久，阎贵妃又一病而亡，于是，贾似道乘势对宦官势力大加压制，使其"余党慑服，惴惴无敢为矣"。在原外戚集团中，谢堂为人最为阴险，"其才最颉颃难制"。但贾似道入相后，则理所当然地变成了外戚集团的首领，谢堂自然难以与之相抗，很快便被贾似道压制下去了。

对于原丁大全集团和吴潜集团，贾似道在宋理宗的支持下，对其采取了一并镇压的手段。景定元年七月，侍御史何梦然弹劾丁大全、吴潜有欺君之罪。宋理宗随即下诏，将丁大全谪居南安军、吴潜谪居建昌军。九月，宋理宗又下诏："党丁大全、吴潜者，台谏其严觉察举劾以闻，当置于罪，以为同恶相济者之戒。"台谏何梦然、孙附凤、桂锡孙、刘应龙承顺贾似道的意旨，将"凡为似道所恶者"，无论贤否，均

将其指为丁大全、吴潜死党，予以流放。与此同时，贾似道又大量任用自己的亲信，如马光祖、吕文德等人分别担任政府和军队的各级要职，逐渐控制了南宋朝政。

南宋太学生活清苦，但太学学生却富有政治热情，经常集会、抨击朝政，形成了一股以太学为主体的学生政治势力，南宋后期的太学因此而被人称为“有发头陀寺，无官御史台”。在临安的宗学、武学、京学（临安府学）的学生大多唯太学马首是瞻。太学一动，诸学闻风响应，“凡其所欲出者，虽宰相台谏亦真攻之，使必去。权乃与人主抗衡。或少见施行，则必借秦为谕，动以坑儒恶声加之。时君时相略不敢过而问焉”。这令宋廷头痛不已。

贾似道入相后，汲取史嵩之、丁大全的教训，改一味压制为收买、打击并举，以加强对诸学的控制。他一面对诸学增拨经费，改善诸学生活和学习条件，收买学生领袖，一面暗中往学校派遣特务，监视学生的言行，严厉打击敢于反对自己的学生。景定五年七月，因彗星出现，宋理宗诏令“中外臣僚，许直言朝政阙失”，太学学生叶李、吕宙之、萧规、姚必得、陈子美、钱焴、赵从龙、胡友开等人于是借机上书抨击贾似道专擅朝政。贾似道大怒，命知临安府刘良贵将其予以严办，黥面流放边远州军。自此，“中外结舌焉”，诸学学生对政治噤若寒蝉，不敢再贸然参与政治活动了。

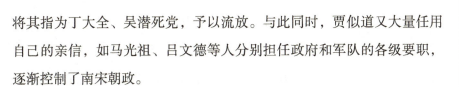

拘留蒙使

宋理宗开庆元年，即蒙古宪宗九年（1259年）年末，忽必烈率领所部蒙古军主力从鄂州北撤，于第二年四月到达开平（旧治在今内蒙古多

伦西北），在塔察儿、阿只吉、合丹、爪都、移相哥等诸王的拥戴下，召开了忽里台（大朝会），宣布继承大汗位，建年号曰"中统"。五月，其弟阿里不哥也在和林（旧治在今蒙古国哈尔和林）另行召集了忽里台，在阿兰答儿、阿速带、阿鲁忽、出木哈儿、浑都海等人的拥戴下，宣布自己为大汗。由此，两人开始了长达四年的汗位之争。

为了稳定南方战线，忽必烈于中统元年七月派遣郝经出使南宋，打算按贾似道在鄂州城下所提出的和议条件，与南宋议和。宋理宗得知郝经南来的消息，对贾似道说："北朝使来，事体当议。"但贾似道反对在此时与蒙古议和，上奏说："和出彼谋，岂容一切轻徇？倘以交邻国之道来，当令人见。"贾似道随即命令淮东制置司将郝经一行扣留，关押在真州忠勇军营，拒不与其谈论和约之事。郝经对南宋这种"无故而不使之见，有故而不使之还"的做法感到极为愤怒，多次写信给贾似道，如果南宋方面认为"本朝有故，至于分裂坏乱，不能以国"，而"欲图报复"，不愿议和，那也应该"下一明诏，却还其使，命将出师，无施不可"。这样，"贵朝酌进退之礼，仆等全所守而归；贵朝得义理之当，仆等尽臣子之节；则于事体两无亏损"。但贾似道置之不理。

贾似道这样做，无非是害怕泄露自己在鄂州城下曾派人向忽必烈求和的事情。

早在宋理宗宝祐六年，即蒙古宪宗八年（1258年）十一月，蒙古益都行省李璮发兵攻占了东海城。时任两淮制置大使的贾似道为此曾上章引咎，但宋理宗只是诏令"以功自赎，特与放罪"。第二年，因淮东宋军大举西援，淮东的淮安州（即原楚州，治今江苏淮安）、涟水等城又被李璮攻陷。贾似道对此如骨鲠在喉。宋理宗景定元年六月，在郝经一行南来的前夕，贾似道已经特意责成知淮安州兼淮东安抚副使夏贵出兵夺回了淮安。但新被忽必烈封为山东行省大都督的李璮随即又于九月兴兵反攻淮安，与宋军在淮安一带对峙。宋理宗景定二年，即蒙古忽必烈中统二年（1261年）春，淮东宋军又集中兵力围攻涟水军。为配合主力行动，宋将孙虎臣奉命率军北攻邓州，以行牵制。蒙古将领阿术、太赤、怯列、忙古带等人奉命率兵南下增援李璮，孙虎臣被迫率师而退。

就在宋蒙两军在淮东战场相持不下之际，这一年六月，在四川地区，又发生了知泸州兼潼川府路安抚副使刘整举城降蒙的事变。

刘整字武仲，原是金朝邓州穰城（今河南邓州）人，为在金朝灭亡前夕投奔南宋，在京湖名将孟珙麾下效力。刘整为人沉毅骁勇，被孟珙誉为"赛存孝"。又因其身材瘦小而善骑射，宋军中多戏称其为"铁胡孙"。刘整早年随四川宣抚使兼京湖制置大使李曾伯入蜀，在抗蒙战争中多立奇功，尤善教练战士，但因恃才桀骜，与四川安抚制置使俞兴素来不和。俞兴派官吏清查刘整账目，刘整用金瓶向俞兴行贿，但俞兴不接受；刘整又派人到江陵请求俞兴之母代为说情，也遭到俞兴拒绝。刘整被逼无奈，遂向蒙古军献城投降。蒙古军立即授予刘整为行夔府路中书省兼安抚使。

潼川府路原辖有二府九州三军一监，但在宋蒙战争中大部分府州已被蒙古军占领，在刘整投降时，刘整实际控制地区仅为叙州（治今四川宜宾）、泸州（治今四川泸州）、长宁军（治今四川珙县）、富顺监（治今四川富顺）。但这一片区域西连嘉定府（治今四川乐山），东接重庆，是南宋川西、川南、川东防线的中间区域，有着重要的战略价值。南宋四川安抚制置使俞兴随即率军进围泸州，击败刘整，迫使其婴城自保。八月，蒙古军援军到来，与刘整内外合击，击败宋军。宋军骁将金文德、张桂等人战死，俞兴率部退走。十月，京湖安抚制置兼四川宣抚使吕文德率军赶到，与俞兴合兵，再攻泸州。经过三个月作战，宋军终于收复了泸州，将其更名为江安军。刘整率领残部，撤至成都、潼川一带。

刘整的降蒙，不仅削弱了四川宋军的力量，而且刘整以后为忽必烈献计献策，还给整个南宋的长江防御体系带了极大的祸害。元人所谓"非刘整之叛，无以周知渡江之谋"，尽管有些夸张，但大致还是符合当时情况的。

在刘整叛宋降蒙后不久，忽必烈于中统二年（1261年）七月便以南宋拘留郝经等使者并在边境不断挑衅为借口，发布命令，宣布伐宋。然而，忽必烈的南侵计划却因李璮之乱的爆发而被迫取消。

李璮小名松寿，是李全的养子，其生父是南宋官员徐晞稷。徐晞稷是衢州（今浙江衢州）人，历任扬州司理参军、楚州通判、知海州、淮东制置使等职。宋宁宗嘉定十一年（1218年），李全投宋，屯驻楚州（今江苏淮安）后，与徐晞稷私交极好。嘉定十二年，贾似道之父贾涉升任主管淮东制置司公事，曾聘教师为诸子讲学，一些将领的儿子也与其诸子一起学习。当年徐晞稷之子（李璮）就在其中。李全无子，遂托贾涉出面，求得徐晞稷之子为继嗣。宋理宗绍定四年（1231年），宋军在战阵中杀死李全，收复了原被李全占据的州县，平定了困扰南宋十几年的李全之乱。李璮遂随李全之妻杨妙真逃回山东，在蒙古军的扶植下，继承了李全的蒙古益都行省的官爵，逐渐羽翼丰满。

李璮受其养父李全、养母杨妙真政治思想的影响，尽管投降了蒙古政权，但仍企图依偎于宋蒙之间而成为第三股势力，以坐制山东。因此，在蒙古窝阔台汗到蒙哥汗统治期间，蒙古政权多次征调李璮的军队，但他都托口与淮东宋军交战而加以拒绝。忽必烈即位后，为笼络李璮，还加封他为江淮大都督，命令"蒙古、汉军之在边者，咸听节制"。但李璮对忽必烈与阿里不哥争夺汗位的战争产生了错误的判断，认为这将是一场长期的战争，完全可以利用忽必烈与阿里不哥在北方鏖战、蒙古军在中原兵力空虚之机，以向南宋投降的形式获得南宋方面的支持，乘势而割据山东。于是，在宋理宗景定元年，即蒙古忽必烈中统元年（1260年）八月，李璮一面与宋军作战，一面又暗中通过南宋两淮制置使李庭芝向贾似道转交书信，表达了向南宋投降的意向。然而，南宋方面鉴于李全之乱的教训，对李璮抱有极深的戒心。双方书信往来，"往复十数，始疑中信，其终则直"。其间，贾似道还派出自己的亲信留梦炎暗中去李璮军中与李璮谈判。直到宋理宗景定三年初春，南宋方面才最终相信并接纳了李璮。

宋理宗景定三年，即蒙古忽必烈中统三年（1263年）二月，李璮举兵叛蒙降宋，杀尽驻戍的蒙古军，将涟水军（今江苏涟水）和海州（旧江苏连云港市西南）献给南宋，率军北返益都（今山东益都），并出兵占据济南，向南宋宣称进献山东之版图，请求赎免其父李全之罪。宋理宗下诏改涟水军为安东州、改海州为西海州，将海州东海县升为东海军，特授李璮为保信宁武军节度使、督视京东河北等路军马、齐郡王，并宣布恢复其父李全的官爵。

为配合李璮行动，宋军分道出击，夏贵率军攻克蕲县（今安徽宿州南）、宿州、亳州、徐州、邳州、滕州等地。南宋扬州都统赵马儿又奉命率水军进攻登州（今山东蓬莱）、莱州（今山东莱州）及滨州丁河口、沧州、利津县，但终因不能完成登陆作战，在海上迟滞数月后被迫撤回。另外，南宋京湖战区的部队也对枣阳城发起了进攻，与守城的蒙古军发生了激战。在这一系列的军事行动中，蒙古徐邳总管李杲哥投降，万户李义等人战死，中原震动。甚至连蒙古政权的太原总管李毅奴哥、达鲁花赤戴曲薛等人也领受了李璮的檄书，并向旁郡散发。

忽必烈闻知李璮之变，急令"水军万户解成、张荣实、大名万户王文干及万户严忠范会东平，济南万户张宏、归德万户邸浃、武卫军炮手元帅薛军胜等"在滨州（今山东利津西）、棣州（今山东惠民）一带会合，"真定、顺天、河间、平滦、大名、邢州、河南诸路兵皆会济南"，由诸王合必赤（一作赫伯齐）总督诸军，讨伐李璮。

由于李璮兵力雄劲，蒙古政权内部又有不少汉族军阀与李璮暗中有勾结，因此在交战之初，蒙古军对济南的进攻屡被挫败。四月，忽必烈改派右丞相史天泽到济南前线，辅佐合必赤指挥作战。史天泽认为李璮"多谲而兵精，不宜力角"，于是改变战术，深沟高垒，对济南进行长期围困。六月，青阳梦炎受命率领宋军赴援济南，鉴于战场形势已经严重逆转，不敢再向前推进，被迫率领援兵脱离济南战场而迅速南撤。

七月中旬，济南城中粮食将尽，李璮内部发生分裂，其部下将士开始三三两两结伙缒城而下，向蒙古军投降。蒙古将领董文炳又招降了李璮爱将田都帅，使李璮阵营更为混乱，人心惶惶。七月二十九日凌晨，先是防守西门的士兵五六百人开门出降，紧接着防守南门、东门的五六千人又开门投降，蒙古军攻入城中。李璮于是亲手杀死爱妾，投大明湖自尽，但因水浅不得死，被蒙古军捕获，随即被右丞相史天泽下令处斩，枭首军门。而南宋方面得知李璮死讯后，宋理宗接受了两淮制置使李庭芝的建议，下令为李璮立庙，赐庙名为"显忠"，并追赠李璮为检校太师。

蒙古军随即对宋军发起反击。战至九月，亳州万户张弘略率军在蕲县击败宋军，收复了宿州、蕲县二城。至此，原被宋军攻占的地区又基本被蒙古军夺回。

李璮叛蒙降宋，标志着自金末以来山东红袄军势力的终结。蒙古政权尽管将李璮之乱平定，但自身也遭到了重大损失。不仅若干城市残破不堪，而且参战的蒙古军也因"（李）璮善战，故将士多失亡"。仅据蒙古益都路行省大都督撒吉思的统计，"李璮所伤涟水军民及陷宋蒙古、女真、探马赤军数"，便多达"七千九百三十二人"。不仅如此，李璮原有"沂、涟两军二万余人，勇而善战"。战后，蒙古军将沂、涟两军分编到各营，除分编到蒙将董文炳部的两千人外，其余都被秘密杀害了。在平定李璮之乱后，忽必烈又乘机以强硬的手段取消了部分汉族

军阀的特权和兵权，以消除地方割据势力的潜在威胁。这样一来，蒙古政权便需要有相当的时间来调整内部关系，从而又迟滞了忽必烈大举攻宋的步伐。

财政危机

宋蒙之间持续不断的战争导致了南宋军费开支的急剧增加，给南宋财政造成了越来越大的压力。淳祐年间，因蒙古汗位之争，宋蒙之间的战争基本处于一种时断时续的状态，战争规模相对较小。尽管如此，但宋理宗淳祐六年（1246年）南宋政府一年的财政收入只有"一万二千余万"，而一年的财政支出却高达"二万五千余万"，"凿空取办者过半"。蒙哥汗时期，蒙古军大举攻宋，战争规模越来越大，这对举步维艰的南宋财政来说，无疑是雪上加霜。贾似道入相后，其承受的财政压力可想而知。景定年间，贾似道解决财政危机和军粮收购的主要措施便是公田法。

早在淳祐八年（1248年），时任同签枢密院事的史宅之建议括浙西围田荡田作为公田，已闹得"一路骚动，怨嗟沸腾"，引起人们的非议。宋理宗景定三年（1262年），刘良贵、吴势卿之徒向贾似道献上所谓的"公田"之议，言事官陈尧道、曹孝庆辈随而和之。他们以历来的"限田之法"为借口，极力吹嘘："置官户逾限之田，严归并飞走之弊，回买官田，可得一千万亩，每岁则有六七百之入，其于军饷则沛然有余，可免和籴，可以饷军，可以住造楮币，可平物价，可安富室，一事行而五利兴，实为无穷之利！"公田法如此一本万利，当然迎合了贾似道。于是，贾似道在景定四年（1264年）四月设置了官田所，命刘长贵为提领，陈岩为检阅，在平江府（今江苏苏州）、嘉兴府（今浙江嘉兴）、安吉州（今浙江湖州）、常州（今江苏常州）、镇江府（今江苏镇江）、江阴军（今江苏江阴）等六府州军开始了公田的购买。

公田法开始之时，是以购买品官之家超过"限田"以外的田亩为幌子的。贾似道首先把他自己的浙西田万亩田地作为"倡导"，嗣荣王赵与芮继之以及浙西帅司主管机宜文字赵孟奎紧跟着也"自陈投卖"。这一姿态使得"朝野卷舌，喋不敢发一语"，可以放手购买公田了。可是不久，就变成了强制性的征购，"断而敷派，除二百以下者免，余各买三分之一"。这说明了，在品官形势的反对下，征购"限外之田"已是不可能了，就只有转向一般中下层地主，强迫征购这些人的土地了。其次，征购价格原来规定是"亩起租满石者偿二百贯，九斗者偿一百八十贯"；可是，在实际上，"以租一石者偿十八界四十楮"。而且，征购"数少者则全支楮，稍多则银券各半，又多则副以度牒，至多则加以登仕、将仕、校尉、承节、孺人、安人告身准直"；给一个将仕郎的官告，相当于楮券三千贯，校尉则为楮券一万贯；"五千亩以上，以银半分、官告五分、度牒三分、会子三分半；五千亩以下，以银半分、官告三分、度牒三分、会子三分半；千亩以下，度牒会子各半；五百亩至三百亩全以会子"。为实施这个公田法，贾似道在成立官田所之后，又将他的党羽安插于浙西六郡：包恢、成公策去平江，潘墀、李补、焦焕炎去嘉兴，谢奕、赵与訔等去安吉，洪礿、刘子庆去常州，章垌、郭梦熊去镇江，杨班、黄伸去江阴，主管各地征购。此外，还派陈岩、廖邦杰专事督责，对征购不力的县令予以撤职；而"包恢知平江，督买田，至以肉刑从事"。

在贾似道集团的倒行逆施之下，公田法充分暴露了它的公开盗掠的"原形"。原来规定"二百亩以下者免"，实际上，不但二百亩者不得免，就是"百亩之家亦不免焉"，显而易见，公田法掠夺的对象，主要

是权势不大的中下层地主，甚至也有一小部分上层农民。而且有的地方为了迎合这种派购，"凡六斗七斗皆作一石"，以扩大征购面。扩大征购的结果，如廖邦杰在常州，"民至有本无田而以归并抑买自经者"。平江等六郡三百五十万亩公田就是在这种盗掠劫夺之下获得的。其次，在建置公田的地方，则设庄收租。原来为扩大征购面，将六斗七斗的土地也在征购之列，而在收租之际则按一石征收，于是"元额有亏，则取足于田主，及归附以来元无底籍田主"，甚至"又将止收四五斗者抵换元卖田数，以至米数不敷，遂至抛荒，贻害农民"；"常润浙北则地渐高，而土渐硗，所收亩多止五大斗或四斗，今乃例拘八斗"；"或未种田而令纳租，或本非种稻而令纳米"；"或有硗瘠及租佃顽恶之处，又从而责换于田主，其害尤惨！"。"换田"也好，追加地租也好，这类公田上的压榨较之私家地主还要残酷。至于用田亩换回来的官告、度牒，在南宋晚年已成无用之物，"民持之不得售"，就更加说明了公田法的盗掠性质。因此，自行公田之后，"六郡骚然"；"自从田归官，百姓糟糠难"，"自从买公田，丰年亦凶年"。

贾似道的公田法一经出笼，即遭到朝野上下一些士大夫的反对。徐经孙则"条其利害"，马光祖则"移书贾似道"，论其不便，不能再向江东推行，"必欲行之，罢光祖乃可"。景定五年（1264年）七月，因彗星出现，"台臣交章言星变灾异皆公田不便、民间愁叹不平之所致，乞罢公田以答天意"。贾似道面对巨大的压力，遂以辞去相位相要挟。但宋理宗对公田法予以很高的评价，称"惟其上可免朝廷造楮之费，下可免浙西和籴之扰"，"今业已成矣，一岁之军饷仰给于此"。并劝勉贾似道说："若遽因人言而罢之，虽可以快一时之异议，如国计何？如军饷何？卿能任事，亦当任怨。礼义不愆，何恤人言！"由于宋理宗坚决支持公田法，"群议遂息"，公田法得以继续实施。

担任京官

景定三年（1262年）四月，文天祥终于到了秘书省正字官位上供职。所谓秘书省正字，就是秘书，整正校勘典籍，埋头书本，枯燥乏味。文天祥却能甘于寂寞，在工作中兢兢业业，一丝不苟。

文天祥是理宗亲自提拔的状元，因人才出众，熟知理学，又忠心可嘉，他供正字职不久，即兼任景献太子府教授。他因讲经讲得好，深得理宗赞扬，理宗曾赏赐他金碗一只。这可是一种特殊的恩遇，但文天祥并不把它看得很重。

景定三年（1262年）五月，又到了三年一次的进士考试时间。朝廷以文天祥充殿试复校考官，并晋升为校书郎。这一科，庐陵人邓光荐、刘辰翁都中了进士。这两个人都是白鹭洲书院的学生，是南宋著名的爱国志士和诗人。尤其是邓光荐后来还成了文天祥亲密的朋友。

在这一次考试中，还发生了一件值得一提的事。殿试结束后，初考官把录取的第一卷准备送给理宗阅览。文天祥任复校考官，他重又细读试卷，并让其他考官传阅。大家都为试卷的高水平而惊讶，认为朝廷选得了优秀人才。但试卷中却有一字触犯了皇帝的名讳，按照规定，这样的考生不但不能录取，而且有罪。文天祥以为人才难得，便请求详定官从宽处理。结果，理宗御定录取进士的甲第时，该考生被列入赐进士出身等第。拆去卷头封弥，文天祥发现该考生竟是自己少年时期的老师东庐先生王国望。王国望后来官至从政郎、袁州军事推官。从这一件事中，我们至少可以看出三点：一、王国望才学之高与文天祥能中状元不无关系，所谓"名师出高徒"并非虚语；二、文天祥爱惜人才，并能甘冒风险保护人才；三、文天祥能破除皇帝名讳神圣不可侵犯的迷信观念，在当时的官僚中并不多见。

景定三年（1262年）五月进士考试结束时，也是文璧临安府司户参军任满的日子。因为文璧在开庆元年（1259年）中进士后封官已三年，按规定应予调迁。文璧以贤能称用，经知临安府马光祖荐举，朝廷改任他为知瑞州新昌县。文天祥与弟弟文璧一起在京生活不到两个月，弟弟又要离他而去，心中依恋不舍。临别时，兄弟对床夜话，文天祥写了一首《别弟赴新昌》的诗：

> 十载从游久，诸公讲切精。
>
> 天渊分理欲，内外一知行。
>
> 立政须规范，修身是法程。
>
> 对床小疏隔，恋恋弟兄情。

文璧离京时，文天祥正兼任景献太子府教授。他在长期从师学习和日常讲经过程中深切体会到，行道修身对一个当官的人来说，是多么重要。他以长兄的身份，谆谆教导文璧，此去新昌（今江西宜丰）出任知县，施政必须以"存天理、灭人欲"为规范，修身应当以内省外践、知行结合为原则。这里，文天祥所表达的仍然是他那"法天地之不息"的唯物主义宇宙观和认识论。也就是说，他要弟弟去做一个正直为民的好官。

吴潜、江万里、文璧都走了，文天祥在临安已无一个知心的人。吴潜是文天祥的忘年至交，文天祥把他看作令人尊敬的长辈。吴潜是南宋的资深大臣。鄂州解围后，贾似道专政，指使侍御使沈炎弹劾吴潜。吴潜罢相，谪建昌军，又徙潮州、循州（今广东龙川）。景定三年（1262年）六月初八，贾似道指使刘宗申将吴潜毒死在循州。吴潜的死讯传

来，文天祥不胜悲愤。

文天祥入京整整一年，仕途还算平顺。景定四年（1263年）正月，他晋升为著作佐郎。著作佐郎为秘书省官员，掌编修国史、日历等事，是一种令人羡慕的清雅的馆职，前程远大，宋代不少官员曾由馆职登上宰执高位。

二月，文天祥兼权刑部郎官。刑部是朝廷的最高司法机关，尤其在南宋后期，由于社会矛盾十分尖锐，统治集团内部争权夺利的斗争愈演愈烈，诉讼不断，冤案众多，因此刑部的事务最为繁重。宋朝的官僚主义十分严重，不少官员既不熟悉刑法、律例，又不直接管事，任凭胥吏去舞文弄法，有的甚至与胥吏勾结，通同作弊，贪赃枉法。宋代吏人的横行不法是历史上有名的，有人称当时为"公人世界"。至于一些自命清高的士大夫，以为刑部是个肮脏之地，都不愿到那里去任职。可是文天祥却与众不同，他非常重视刑部的工作，办事十分认真，事必躬亲。处理案件，他一定要仔细考核，决不随便判决。他精力充沛，日夜工作，不知疲倦。胥吏们对文天祥既畏惧又佩服，不敢也不能有任何欺蒙行为。文天祥之所以如此严格认真地对待刑部工作，这显然与他主张改革行政以及为官清正、为民请命的政治理想是分不开的。

谁知景定四年（1263年）八月突然发生的一场政治风波，使文天祥的仕途又出现了坎坷，他被迫离开了临安。原来，曾被他弹劾的董宋臣又被理宗召回来了。理宗喜好声色，身边没有佞臣总觉得寂寞。宋朝到了末世，出了这样的皇帝，不亡国才怪呢。

如今董宋臣竟要回京，而且正好是文天祥的顶头上司。是可忍，孰不可忍。文天祥再次上书弹劾董宋臣，这就是著名的《癸亥上皇帝书》。文天祥首先表态，自己绝不与董宋臣同朝共事。他引用先圣之言"唯仁者能好人，能恶人"，希望理宗能接受汉、唐宦官之祸的历史教训，防微杜渐。因为，他认为董宋臣"心性残忍，群不肖所宗。窃恐复用之后，势焰肆张，植根既深，传种益广，末流之祸，莫知所届"。他提醒理宗不要上董宋臣"甘言卑词"的当。最后，文天祥请求理宗收回复用董宋臣的成命。

等到了八月份，文天祥的上书未见丝毫反应。理宗宁要董宋臣，不要文天祥。文天祥大失所望，便整顿行李，准备离开临安。这时，贾似道见文天祥要走，便出来打圆场。他知道文天祥是个人才，就任命他去知瑞州（今江西高安）。

顺便交代一下，董宋臣此后在理宗面前一直荣宠不衰。秘书少监汤汉曾对他进行弹劾，理宗未予理会。董宋臣死的时候，理宗还追封他为节度使。

 ## 瑞州德政

景定四年（1263年）十一月，文天祥到达江南西路的瑞州，出任知州。瑞州原名筠州，理宗宝庆元年（1225年），改称为瑞州。

理宗开庆元年（1259年）秋冬之际，蒙古兵曾占领瑞州，至景定元年（1260年）正月撤军返回蒙古。数月之中，瑞州遭到战乱的严重破坏。蒙古兵杀人放火，幸存者也逃匿一空，"瑞之文物，煨烬十九"。文天祥初到瑞州，但见满目疮痍，百废待兴。

文天祥到瑞州后最重视的第一件工作，是开展对士民的教化。他说"古之为诸侯，先政化而后簿书期会"，对于教化，自己做一日瑞州知州便"有一日之责"。为了改变"风俗之弊""士行不立"和"教道之久废"的现状，他大力倡导君子必须"进德修业"。文天祥曾利用释菜之机，在瑞州西涧书院讲学，并为后人留下了《西涧书院释菜讲义》。

文天祥现代塑像

所谓"释菜"，也作"舍采"，是古代祭祀先贤的礼仪。

文天祥在讲学的同时，为了恢复瑞州的战争创伤，安定社会秩序，改善人民生活，采取了一系列整顿措施。他为了让人民得以休养生息，竭力营造一种宽惠廉静的政治环境；但对目无法纪的骄兵和残害百姓的坏人，却毫不手软。他一到瑞州，就亲自深入民间，反复查访，平反冤狱，安集流亡，并公布法令，严惩了一批罪大恶极分子，百姓无不拍手称快。民间曾流传有"文大人巧破盗布案""瑞州除刘虎"等传说。刘虎，即刘金魁，外号"刘恶虎"，时任瑞州巡检，作恶多端，民愤极大，文天祥知瑞州不久，即为民除去了这一恶霸。此外，文天祥还从税赋收入中提出一大笔钱设立"便民库"，并把募集所得和没收充公的资金也存入库中，供民间借贷之用，以救天灾人祸之急，使百姓得到实惠。后来，文天祥在《纪年录》中曾经这样总结了自己治瑞的政绩："郡兵火后，疮痍乍复，予抚以宽惠，镇以廉静。郡兵素骄，取其桀黠置之法，张布纲纪，上下肃然。于交承外，积缗钱万，创便民库。去之日，填兵出前橐名，为楮百万有奇。遗爱在民，久益不忘。"文天祥把思想教化和严格执法、经济改革结合在一起来治理瑞州，说明他具有远见卓识的政治智慧。

文天祥到瑞州的第二个月，因想起自己与大弟文璧都在瑞州任事，母亲在庐陵富川老家无依无靠，就把她和家属接到了瑞州来供养。当年，文天祥二十七岁。文璧二十六岁，正任瑞州新昌县知县。文璧在新昌县政绩还不错，他曾"录大狱二十余，皆得其情。正宗室子璧妾杀妇之罪，决盗牛讼久而不决者，纵牛牛归故牢而盗服，由是新昌讼谍不入郡"。新昌县就在瑞州西面，离州城不远，接母亲来瑞州，文璧见母亲的机会也多一些。而幼弟文璋只有十五岁，尚未成年，随母亲来到瑞州。根据宋朝制度，文天祥享有恩荫任子的权利，而他当时还没有儿子，于是等到度宗咸淳元年（1265年）文璋已有十七岁时，就将文璋奏名朝廷，获得了一个"将仕郎"的官衔。

经过蒙古兵的破坏，瑞州的文物古迹被毁十之八九。古人说："天下治乱观洛阳，洛阳盛衰观园亭。"可见，名胜古迹和园林建筑的兴盛是社会安定、经济繁荣、文化发达的重要标志之一。为此，文天祥在瑞州特别重视修复名胜古迹和兴造园林建筑。他在短短的一年多中，即修复和重建了三贤堂、碧落堂、翠微亭、月朗堂、野人庐、竹庵、秀春亭、松风亭等，又创陶靖节堂。这也是文天祥治理瑞州的一大功绩。

碧落堂位于瑞州碧落山，这是一座曾经吸引过许多名人秀士的古建筑，雕梁画栋，富丽堂皇。北兵杀进瑞州后，把许多美貌女子掠到这里，肆意蹂躏，谓之"逍遥堂"。北兵撤退时，点起一把火，将碧落堂烧成了瓦砾场。

文天祥修复碧落堂的决定得到瑞州百姓的热烈拥护，木匠、石匠、泥水匠主动出工，农人们纷纷背粮上山资助，妇女们自愿上山为工匠们做饭。文天祥也经常到工地察看，有时还和匠人一道搬砖运瓦。

第二年秋天，碧落堂的修复工作完毕，它以崭新的面貌矗立在碧落山上，青瓦朱梁，雕栏画栋，雄伟壮观。

文天祥十分高兴，特意选了九月初九重阳这一天在碧落堂举行落成仪式。百姓闻讯，一个个奔走相告，不少在战争中流落外乡的瑞州百姓也都纷纷回到故乡。

重阳到了。清早，山道上满是扶老携幼的人，一路笑语，一路歌声，比逢墟还热闹。当文天祥出现在碧落山时，百姓们向他拥来，里三

身世浮沉雨打萍

层外三层地把他围在当中。

　　落成仪式开始，鞭炮噼里啪啦地响个不停。亭内，文天祥望着一张张笑脸，心潮起伏，情不自禁地提起笔，即席赋诗《题碧落堂》：

<blockquote>
大厦新成燕雀欢，与君聊此共清闲。

地居一郡楼台上，人在半空烟雨间。

修复尽还今宇宙，感伤犹记旧江山。

近来又报秋风紧，颇觉忧时鬓欲斑。
</blockquote>

　　诗中，"秋风紧"指蒙古军在襄、樊一带有活动。"鬓欲斑"形象地说明文天祥忧时心切。文天祥当时只有二十九岁，却因国家残破、忧国伤时而倍感焦虑，鬓发都要斑白了。

别有人间行路难

文天祥的仕途可谓忽起忽落，朝廷不重用他，但也没有忘记他。想起他来，就把他调动一下，好在他已经习惯了。

咸淳五年（1269年）三月，江万里出任左丞相，马廷鸾出任右丞相兼枢密使。由于江、马的推举，文天祥被任命知宁国府（今安徽宣城）。

文天祥对官场的翻云覆雨已经厌倦了，不太愿意离开文山。但朝廷不允辞免，十一月，他只好赴任。

贾似道擅政

宋理宗年轻时曾生有两个儿子，但都早夭。到中年后，宋理宗丧失了生育能力，只得将自己同母弟赵与芮的独子赵德孙作为皇嗣来培养。赵德孙之母名叫黄定喜，原为赵与芮之妾李夫人的陪嫁女。她当年怀上赵德孙之时，因出身低贱，曾被逼服堕胎之药，所以赵德孙出生后，"手足皆软弱，至七岁始能言"。但宋理宗为确保自己的正统地位、防止在自己死后济王的冤案被重翻，因此不顾赵德孙身体不健康、资质愚笨，于宝祐元年（1253年）正月执意将他立为皇子，赐名赵禥。其后，进封忠王，累授镇南军、遂安军两镇节度使，赐字邦寿。景定元年（1260年）六月，宋理宗又正式将赵禥立为皇太子。

景定五年（1264年）十月，宋理宗病死，赵禥继承了皇位，其身后的庙号为度宗。宋度宗即位之时，虽然已年满二十五岁，但却缺乏政治经验。当时，有人曾提议由谢太后垂帘听政，但因遭到权参知政事叶梦鼎等人的反对而作罢。由于贾似道在宋理宗景定年间事实上已经控制了朝政，而且朝野上下当时都以为贾似道是国家危殆之际的擎天柱，因而宋度宗只得拱手委政于贾似道。

自宋理宗景定元年贾似道入相后，直到宋度宗在位前期，正处于一个"年谷屡登，四方无虞"的相对安定时期，因此贾似道以其政治作为也赢得了极高的政治声望。

为解决宋理宗在位时期无法解决的遗留问题，贾似道一方面让宋度宗下诏恢复济王赵竑原赠少师、节度使的头衔，并追封为镇王，追谥昭肃，为其按规格重新建墓垒坟；一方面又让宋度宗下诏，追命史弥远为

"公忠翊运定策元勋"。同时，又以贪赃枉法之罪将原本深得宋理宗宠信的宦官李忠辅、何舜卿等人流放远方，并让宋度宗下诏禁止地方贡献羡余，规定："敢有修贡羡为名者，以盗赃之罪罪之。"贾似道还改变了宋理宗"非鄞则婺"的用人路线，认为"浙东唯温、处士可任事，四明士不宜用于时"，扩大了用人的范围。

为了在政治上能进一步控制宋度宗，贾似道又以身体有病和厌倦政治为由，数次向宋度宗提出辞职请求。宋度宗咸淳元年（1265年）三月，贾似道依照惯例担任山陵使，护送宋理宗灵柩到绍兴府，下葬于永穆陵。葬礼结束后，贾似道便留在自己在绍兴的家中，援引故事，乞解机政。宋度宗先后派遣端明殿学士牟巘、权吏部尚书陈昉等人带着自己的亲笔信去绍兴，恭请贾似道还朝。接着，宋度宗又派出自己的亲生父亲福王赵与芮亲自出面到贾府敦请，贾似道这才以太师、右丞相兼枢密使的头衔回到了朝廷。此后，每过两三年，贾似道都要向宋度宗提出辞职要求。咸淳五年，宋度宗甚至痛哭流涕地向他下跪，哀求他不要辞职。

咸淳三年二月，宋度宗又下诏特封贾似道为平章军国重事，特许他一月三次赴经筵，三日一朝，赴都堂治事。咸淳六年，又允许他六日一朝。这个"平章军国重事"虽不是正式官衔，但贾似道的权力与宋宁宗时期的韩侂胄一样，远远大于宰相。贾似道在西湖边的葛岭起楼台亭榭，建起"半闲堂"，自号半闲老人，故作雍容优雅，实则整日淫乐其中，而把大小朝政全都交给馆客廖莹中、堂吏翁应龙办理，设置机速房，以遥控朝政。

咸淳八年九月，由贾似道担任大礼使，南宋王朝在明堂举行了祭天大礼。明堂礼毕，又往景灵宫（太庙）祭祖。在返回时因突遇大雨，时任太常理直的胡显祖便根据开禧年间宋宁宗登辂遇雨改乘逍遥子（轿子）的旧例，在未请示贾似道的情况下，擅自决定请宋度宗改乘逍遥子

进入了和宁门。贾似道大怒，立即请求罢政，从嘉会门出城，在浙江亭等待宋度宗的决定。胡显祖是宋度宗宠爱的胡美人之兄。宋度宗再三向贾似道致歉，但贾似道仍不依不饶。最后，宋度宗不得不将胡显祖罢官，让胡美人到妙净寺做了尼姑，贾似道这才回到了朝廷。

贾似道居功自傲，专横跋扈，一手遮天，大搞顺我者昌、逆我者亡。宋度宗尊称他为"师臣""师相"，而朝廷官员则尊称他为"元臣"。自咸淳三年起，直到贾似道下台，其间除咸淳九年一年外，尽管先后有程元凤、叶梦鼎、江万里、马廷鸾、王爚、章鉴等人分别担任过左右丞相，但这些所谓宰相，却只能仰承贾似道之鼻息。这样，南宋朝政便完全落入贾似道的掌握之中。

新一轮危机

忽必烈即汗位之初，原拟采取对南宋议和，以集中力量消灭阿里不哥的策略，但由于南宋方面拘留郝经以阻断议和之路，加上刘整叛宋和李璮叛蒙两件大事的影响，忽必烈想让宋蒙战争停顿下来的计划遂告落空，双方在四川以及淮西地区仍有激烈交战。

早在蒙古贵由大汗时期，蒙将李桢就曾上书向贵由大汗建议："襄阳乃吴、蜀之要冲，宋之喉襟，得之则可为他日取宋之基本。"贵由大汗对此建议颇感兴趣，于是任命李桢为襄阳军马万户。在蒙哥大汗三路攻宋失败后，蒙古政权内部便已开始出现了否定以四川作为主攻方向，而主张改以荆湖为主攻方向的意见。中统元年（1260年），郭侃便向忽必烈献上《平宋策》，建议说："宋据东南，以吴越为家，其要地，则荆襄而已。今日之计，当先取襄阳，既克襄阳，彼扬、庐诸城，弹丸地耳，置之勿顾，而直趋临安，疾雷不及掩耳，江淮、巴蜀不攻自平。"但郭侃的意见并未得到忽必烈的采纳。

在宋理宗景定二年，即蒙古忽必烈中统二年（1261年），刘整投降蒙古后，曾向忽必烈献上取江南二策："其一曰先取全蜀，蜀平，江南可定；其二曰清口、桃源，河、淮要冲，宜先城其地，屯山东军以图进取。"蒙古政权没有采纳其进攻淮东清口、桃源的意见，但采纳了他"先取全蜀"的建议，对川西嘉定府、川南泸州方面的宋军采取守势，而将重兵集中到川东方面。以青居山（在今四川南充南三十余里）为中心，在虎啸山（在今四川广安东十里）修筑虎啸城（一作虎相城），在夔州、达州之间修了蟠龙山城，以进攻梁山军（今重庆梁平）及忠、万、开、达诸州，企图绕出重庆下游，打开夔门，顺江东下。但蒙古方面的这个作战计划因遭到宋军的顽强抵抗而未能实现。

南宋方面在刘整之乱发生后，不久便解除了俞兴的四川安抚制置使职务，改命刘雄飞为四川安抚制置副使兼知重庆府。由于四川方面面对蒙古军的进攻，所遭到的军事压力太大，南宋朝廷又于景定五年夏，改任刘雄飞为知沅州兼常德、澧、靖五郡镇抚使，而从淮东抽调骁将夏贵出任四川安抚制置使兼知重庆府。

夏贵赴任后，一面命令知夔州徐宗武在白帝城下岩穴中立六尺四寸的铁柱两根，设拦江锁七条，"长二百七十七丈五尺，五千一十股"，以防蒙古军由夔门冲下。一面组织四川宋军进行反击。夏贵调集了数万军队围攻虎啸山。蒙古守将张庭瑞率部坚守，蒙古阆蓬等处都元帅府参议焦德裕奉命率兵来援，击退宋军。第二年，夏贵派遣昝万寿、孙立等率军进攻潼川府，与蒙古汉军都元帅刘元礼、蒙将杨文安所部在射洪（今四川射洪）、蓬溪（今四川蓬溪）一带交战；自己则亲率主力沿资江潜行，逆流而上，击败蒙将刘整。此后，双方在四川的战事陷于胶着状态，互有胜败。

到宋度宗咸淳四年，即蒙古忽必烈至元五年（1268年）时，四川六十余州，南宋还控制有二十余州。尽管"所谓二十余州者，又皆荒残。或一州而存一县，或一县而存一乡"，但昝万寿据守着以嘉定府为中心的川西部分州县、张珏据守着以重庆府为中心的川东部分州县，梅应春据守着以泸州为中心的部分州县，徐宗武据守着以夔州（今重庆奉节）为中心的部分州县，以长江为纽带的防御体系还基本保持完整。

由于蒙古军在四川的军事行动并未达到"先取全蜀"的战略目的，因此蒙古政权在重点对四川用兵的同时，也组建了一支特遣队，由兀良合台之子、擅长于长途奔袭的蒙古元帅阿术指挥，分别对南宋的淮西和京湖战区实施了渗透作战，以另寻突破口，打破南宋的长江防御体系。

宋度宗咸淳元年，即蒙古忽必烈至元二年（1265年），阿术率领蒙古军对淮西地区发动了一次大规模的奔袭，试图突破南宋淮西防线。在这次作战中，蒙古军尽管推进到了庐州和安庆，但因伤亡惨重，最终被迫北撤。

宋度宗咸淳三年，即蒙古忽必烈至元四年（1267年）八月，阿术又率领蒙古军渡过汉水，深入襄阳以南地区，"俘生口五万、马牛五千"后突破宋军的水陆拦截，由安阳滩渡过汉水北返。在这次作战中，蒙古军尽管遭到了宋军的猛烈反击，阿术在战斗中坠马，如果不是蒙将木花里救援及时，阿术就成了宋军的俘虏，但蒙古军对襄、樊一带的地形地貌却有了较全面的了解。阿术路过襄阳时，曾驻马虎头山，遥指汉东白河口说："若筑垒于此，襄阳粮道可断也。"另外，蒙古军的水战能力在这次作战中也得到了检验。蒙将怀都在"宋遣水军绝归路"的情况下，曾经"选士卒浮水，杀宋军，夺战舰二十余艘，斩首千余级"。

阿术所部对襄阳一带的攻掠行动，说明蒙古政权已经有了攻取襄阳的意图。在这次军事行动结束后，在这一年的十一月，时任蒙古政权南京宣慰的刘整也在觐见忽必烈时上奏，提出了新的攻宋方略，建议"宜

先从事襄阳"，不要再与宋军在四川纠缠，改将进攻重点放在襄阳方向。"先攻襄阳，撤其捍蔽"，而后顺汉江而下，攻取鄂州，从鄂州撕破南宋长江防御体系。刘整的建议遭到了许多蒙古官员的反对，但却得到了忽必烈的坚决支持。

襄阳城由襄阳和樊城两座城池构成。樊城居于汉水之北，襄阳居于汉水之南。两城夹汉水而立，当时有浮桥相连，形成一组防御整体。襄阳位于南阳盆地的南部，为南宋京湖战区的战略要塞。但对襄阳战略地位的认识，宋蒙双方都经历了相当一段时间才有了准确的定位。

自宋理宗端平三年，即蒙古太宗八年（1236年），南宋因襄阳之乱而弃守襄阳之后，宋蒙双方长期都没有控制襄阳的意图，襄阳因而成了一片废地。宋理宗淳祐六年至淳祐十年间（1246—1250年），宋理宗曾一度命令时任京湖制置使的贾似道再建襄阳，屯兵驻守，但贾似道却认为襄阳"孤垒绵远，无关屏障"，从而予以拒绝。淳祐十一年（1251年），李曾伯继任京湖制置使，方才力排众议，一力主持，重修了襄、樊二城，将其重新纳入京湖战区的防御体系之中。

李曾伯以重兵守襄阳，因而不可避免地削弱了鄂州防务。宋理宗开庆元年，即蒙古宪宗九年（1259年），忽必烈之所以敢于率兵直接围攻鄂州，鄂州防务较弱也是一个重要原因。在鄂州之战紧迫之时，宋理宗"必欲弃襄以全鄂"，但却遭到了一向反对恢复襄阳守备的贾似道的坚决反对。对此，贾似道解释说："非故自相矛盾。盖襄既复，则城池米粟甲兵委难以资虏。"

贾似道反对守备襄及迫不得已守襄，也有其合理的因素。南宋之所以能长期对抗蒙古，一是宋军善于守城，二是宋军长于水战。而襄阳作为战略进攻的桥头堡，无论向北还是向南，都有着重要军事价值，但如果仅将它作为被动防御的要塞却有其严重的不足。汉水相对长江而言，江面狭窄，河道曲折，水流量偏小。宋军大型战舰不能进入汉水作战，失去了水战的优势。而且，"自郢至襄，水程七百里，素多滩险，虑防抄截，又须计办陆运，以济不及"。宋军往襄阳运送物资，因逆流而上，行进艰难，只有吃水较浅的运粮船才能上行。如无纤夫拉纤，只能靠撑篙前行。船行速度极为缓慢。元军在褊狭的江面夹江布防，很容易就能使用砲石封锁江面。而宋军的野战能力一向较弱，完全不足以与蒙古的"精兵突骑"较量，难以夹江护卫自郢州（治今湖北钟祥）到襄、樊的水运及陆运。刘整之所以建议忽必烈将用兵重点摆放到襄、樊，也无非就是看到了南宋这一防御体系上的薄弱环节。由于蒙古军自南阳盆地向南进攻襄、樊在交通上有便利之处，骑兵可以完全展开，因而在军事上具有明显的优势。其后发生的襄、樊攻防战，在相当程度上逐渐演变成了一场蒙古军围点打援的战役。

襄、樊保卫战

宋度宗咸淳四年，即蒙古忽必烈至元五年（1268年）夏，忽必烈任命阿术为都元帅，指挥蒙古军进攻襄、樊。阿术因有过攻击襄阳的经验，知道进攻襄、樊单靠蒙古骑兵是不行的，便向忽必烈请求，说："所领者蒙古军，若遇山水寨栅，非汉军不可。宜令史枢率汉军协力征进。"忽必烈不仅同意了阿术的请求，而且指派刘整为都元帅，赴襄、樊与都元帅阿术同议军事。九月，蒙古军在完成作战准备后，开始在襄、樊外围大规模地筑城，对襄、樊进行合围。

南宋方面对此已有准备，加强了襄阳和樊城的城防，屯驻了重兵，囤积了大量的粮食。防守襄、樊的宋军在京西安抚副使、知襄阳府吕文焕的指挥下，对合围襄、樊的蒙古军也不断进行反击。

宋度宗咸淳五年，即蒙古忽必烈至元六年春，阿术一边指挥蒙古军围攻襄、樊，一边抽调部队进攻复州（治今湖北天门）、德安府（治今湖北安陆）等地，以扫清襄、樊外围。忽必烈则一面再调遣民兵二万赴襄阳，一面又派遣擅长指挥围城作战的中书左丞相史天泽与驸马忽剌到襄、樊督战，"相要害，立城堡"，指导蒙古军构筑长围，以断绝襄、樊与外界的联系。

三月，南宋京湖都统张世杰奉命率马步军和舟师增援襄、樊，但在赤滩圃（在襄阳东南汉江上）遭遇蒙古军阻击，经过激战，被迫撤回。六月，南宋荆鄂都统唐永坚在交战中被蒙古水军千户邢德立、张志等生擒。七月，南宋权荆湖安抚制置大使、知鄂州夏贵乘江水上涨、蒙古军"山下营屯涨没几尽"之机，率领水师在沿岸骑兵的护卫下溯流而上，将衣粮等物资送进了襄、樊。但在七天后，当夏贵乘夜色率军顺流返回时，在鹿门山（在襄阳东南）却遭到蒙古军的伏击而败走。阿术"率诸将追骑兵"，赵璧"率水军万户解汝楫追舟师"。在虎尾洲（在襄阳南），宋军水师被蒙古军击败，"士卒死者十六七，获战舰五十一，生擒将士三百余人"。随后，蒙古军针对合围的漏洞，在万山（在襄阳西北十里）修筑了城堡，在汉江西岸的灌子滩（在襄阳南三十里）构筑了新城，以断绝襄、樊西、东两面与外界的联系。

当年岁末，京湖制置使吕文德病逝。第二年（1270年）年初，南宋政府调任两淮安抚制置使李庭芝为京湖安抚制置使兼知江陵府。因夏贵资历较高，贾似道遂接受其请求，将其调驻黄州，改以高达为湖北安抚使、知鄂州。为增强救援襄、樊宋军的力量，贾似道还从殿前司和两淮诸军中的抽调兵力编成援襄军，由殿前副都指挥使范文虎全权指挥，开赴襄、樊。

在蒙古军方面，阿术与刘整经过两年多的作战，痛切感到水军力量与南宋还有相当的差距。于是向忽必烈上书，声称："围守襄阳，必当

以教水军、造战舰为先务。"忽必烈遂下令教练水军七万余人，造战舰五千艘。

九月，范文虎统领由殿前司和两淮诸军中的精锐部队所编成的援襄部队到达襄、樊前线后，改变战术，水陆并进，在汉水西岸向北推进，对蒙古军在百丈山、鹿门山、灌子滩的据点展开攻击。蒙古军在阿术、刘整的指挥下，在灌子滩江中与宋军交战，范文虎大败而退。

宋咸淳七年，即蒙古至元八年（1271年）夏季，雨水较多，汉水泛溢，蒙古军在沿江修筑的堡垒多被淹没。宋军抓住时机进行反击，京湖制置司和沿江制置司组织力量再援襄、樊。沿江制置副使孙虎臣及京湖制置副使高世杰奉命由均州（丹江口）率军顺流而下，范文虎等人则指挥宋军逆流而上，两相夹攻，"打透鹿门"。又以鹿门山为基地，"督促粮运，输之襄阳，昼夜不绝"。"夏贵亦遣兵担运粟米数千石，呼延德亦运柴薪布帛以往"。不久，蒙古军进行反击，蒙古将领百家奴率部"乘战船顺流至鹿门山，欲塞宋粮道，出击范文虎军"。阿术率领蒙古军万户阿剌罕等在湍滩击败范文虎所部宋军。宋将苏刘义、夏松等人指挥的舟师也遭到阿术、合答率领的蒙古军拦击，作战失利。由于夏贵一军大败，"丧舟数百"，战场形势又急转直下。宋度宗只好下令让各路援襄部队撤回，京湖制置司还驻旧郢州（在汉水北岸，治今湖北钟祥），范文虎的部队退屯新郢州（在汉水南岸）。同时，京湖制置司又命令知均州刘懋等人打造战舰，并调遣总管张顺、路钤张贵提兵前往均州，准备再次从均州顺流而下援助襄、樊。

这一年十一月，忽必烈采纳刘秉忠等人的建议，宣布正式建国号为"大元"。第二年，即宋咸淳八年、元至元九年（1272年）春，忽必烈宣布改中都为大都，定都燕京（中都）。配合元朝的建立，襄、樊方面的元军也加强了攻势。元世祖忽必烈下令对襄、樊前线元军的指挥权进行了调整，让阿术统领元军，刘整、阿里海牙（一作阿尔哈雅）分统汉军。三月，元军发动猛攻，攻破樊城外城，杀宋军两千人，生擒宋军将领十六人。

五月下旬，汉江水涨，京湖制置司重立赏格，贾似道又在京湖制置司赏格之上再加奖赏，派遣张顺、张贵以及范文虎之侄范天顺等人率运输船队从均州中水路硬寨出发，进援襄、樊。从中水路到襄、樊，水路仅一百二十余里。张顺等人率军在五月二十四日夜出发，顺流直下，一路与停泊在江中的元军船队混战，发射火炮药箭，重创敌军。二十五日天明时分，抵达襄阳，将军需物资送入城中。但张顺身中三枪六箭，在激战中阵亡。

张贵、范天顺等人率领的船队进入襄阳城，极大地鼓舞了城中军民的斗志。张贵等人原定在第二天便离开襄、樊，向下游进发，与夏贵接应的兵船会合，但因汉江水陡然回落，被迫取消原定计划，接受知襄阳府吕文焕的挽留，加入襄、樊战守。九月，张贵在与夏贵完成约定后，冲出襄阳，顺流而下，率舟师转战五十余里，行至柜门关与龙尾洲一带，遭到元军伏击，张贵被俘，不屈而死。

九月以后，汉江水量越来越小，宋军失去了水战优势。夏贵、孙虎臣、高世杰的兵船只能进行分区防守，而范文虎与李庭芝的矛盾又越来越深，宋军难以合力作战，只能坐视元军围攻襄、樊。在这种情况下，南宋朝廷解除了范文虎的"总统之权"，而改命李庭芝统一指挥援襄宋军作战。

十一月，李庭芝请求宋廷派贾似道到襄、樊前线建立督府，由贾似道统一指挥各路宋军。但此时贾似道认为："然纵使臣行，亦后时矣，恐无益于襄阳之存亡。"拒绝到襄、樊前线建立督府，而向宋度宗提出了新的作战方案："若推至来年春夏之交，则调一大将统三万兵船直捣颍、亳，又调一大将统二万兵直捣山东，则襄围之贼皆河南北山东之人，必将自顾其父母妻子相率离叛。如是，则襄围不解，臣未之信。"

然而，未等贾似道的这个计划付诸实施，宋咸淳九年，即元至元十年（1273年）正月，元军焚毁襄阳和樊城之间的浮桥，集中力量猛攻樊城，并调来回回人亦思马制作的巨石炮，攻陷了樊城。宋军守将牛富率残部巷战，身负重伤，赴火而死。二月，在元军重炮的轰击下，南宋知襄阳府吕文焕也因力不能支而被迫献城投降。武功大夫、右领卫将军范天顺不愿降元，仰天大呼："好汉谁肯降贼？死时也做大宋忠义鬼！"遂自缢身死。范天顺的壮举，与其叔父范文虎的怯懦，可谓天壤之别。

襄、樊攻防战是历史上罕见的一场残酷战役。事后，连元朝丞相伯颜也承认，"困襄阳之计，俱为龙断者"，双方都打得筋疲力尽。因而襄、樊的失陷，对宋、元双方的士气影响极大。获胜的元军自然是士气高涨，而宋军士气则一落千丈。连素来刚愎自用的贾似道在得知襄、樊失陷的消息后，也难以自持，自称"一闻，战眩颠沛，几乎无生。不谓事不可期、力无所措，乃至此极"！特别是坚守襄、樊数年并给予蒙元军队重创的吕文焕在降元后得到了优厚的待遇，对瓦解宋军的军心具有决定性的作用。通过襄、樊之战，元军在降将刘整的指导下，训练出了一支强大的水军，又使用了威力巨大的回回炮，极大地提高了元军攻坚作战的能力。自此，宋军的水上作战及城守作战优势已丧失殆尽。

平反冤狱

景定五年（1264年）十月，理宗皇帝病死，皇太子赵祺继位，是为度宗。不久，文天祥被召回临安，任礼部郎官。

十一月，由于文天祥曾任刑部郎官，颇有政绩和一定经验，朝廷改任文天祥为江西提刑。也许因为文天祥的母亲和家人都在瑞州，新修之碧落堂又刚落成，他舍不得离开瑞州，便上书辞免，朝廷不允。这时，文天祥得知在家乡庐陵和兴国交界处，有盗寇蜂起劫掠，乡民纷纷准备逃难。次年春，盗寇进至太和王山，距富川只有十五里。情势紧迫，于是，文天祥在咸淳元年（1265年）二月，就在瑞州交割江西提刑职事，前去赴任，并下令会兵，很快就平定了寇患。

江西提刑是江南西路提点刑狱的简称，其主要职能是掌管江西一路的狱讼及纠察不法等事。文天祥到任时，正逢度宗即位，宣布大赦，他为了推广朝廷仁德，尽可能地宽宥罪犯，释放囚徒，同时在支持纸币流通方面也做出了较大成绩。据他自己说："时大赦后，推广德意，全宥居多。惟平寇扶楮，稍振风采。"

此外，平反陈银匠冤案一事，尤为突出地显示了文天祥公正执法的严肃态度。

案情是这样的：临江城中金地坊有个姓陈的银匠，他看见有人背着一包关子、会子等纸币路过街市，他下意识地叹道："我要是能有这一包钱，这辈子也不用受穷了！"第二天早上，背负纸币者被人杀死在慧力寺后山中。捕司开始进行侦缉，有一个在街上挑担叫卖糕点的小贩，把他所听到的陈银匠的话告诉捕司，陈银匠被屈打成招，判处死刑。

文天祥刚到任，陈银匠的母亲就来诉冤。文天祥经过侦查，发现杀人劫财者是住在府衙后的李某，并在他家暗阁上竹笼内搜出了赃物纸币。文天祥便判决："以李偿负关、会人死，推司及原捕人偿陈死，官赡养陈母终身。"文天祥不仅处死了杀人凶犯，还将草菅人命制造冤案的官吏也判处死刑，并由官府抚恤冤死者的家属，以实际行动来推行他一贯主张的公道和直道。

四月，文天祥因公巡视到吉州太和县，正逢他的伯祖母梁太夫人逝世。梁氏是文时习的原配妻子，是文仪的生身母亲，即文天祥的亲祖母。因文仪出生后一年多即过继给叔父文时用为子，故文天祥改称梁氏为伯祖母。梁氏在生了第三个儿子文信后，丈夫文时习去世，她于宋宁宗嘉定十二年（1219年）改嫁刘家，当时文仪五岁。梁氏在刘家生活了四十七年，又生了二男一女，于度宗咸淳元年（1265年）四月去世。梁氏死后，文天祥即日向朝廷申请解除官职承心制，并为梁氏办理丧事。所谓"承心制"，也就是只服心丧，不以侄孙身份着丧服、行丧礼，更不以嫡孙身份服齐衰重服，这是完全符合当时的封建礼制的。

当朝廷尚未批复文天祥为梁氏承心制的申请时，御史黄万石便上书弹劾文天祥失职，文天祥因此而被罢去江西提刑之职。黄万石也是江西人，是个品质卑劣的小人。他嫉妒文天祥的才名声望，再加上文天祥推翻冤案，免不了要得罪原审的官府，遭人嫉恨，所以才对文天祥进行恶意攻击。

文天祥铭宋坑长方端砚

对于黄万石的攻击，文天祥并不太在乎。然而，同时有一伙无赖之徒，拿文天祥为梁氏承心制之事，大做文章。他们写了一本《龙溪友议》的小册子，印刷一万多份，在江西、福建、广东等地到处散发，诬蔑文天祥"当有重服，匿而不行"是不孝、违礼，以毁坏文天祥的声誉，使之不齿于士林。这显然是政敌所为，文天祥对此感到十分愤怒。文天祥的老师前秘书郎欧阳守道、衢州教授曾凤闻知此事，都写信给文天祥表示慰问，并对《龙溪友议》的谬论进行驳斥。

在封建礼教极盛的年代，"违礼""不孝"这样的大帽子，就可以置人于死地。文天祥本人也据理——辩驳，并要求朝廷主管礼仪的太常寺好好研究一番。文天祥最终打赢了这场官司，朝廷下令准许他承心制，事情总算解决，但却被拖了一年多。

由于这件事，文天祥辞去官职，回到家乡，过起了隐居生活。

在距家门不远的地方，有一座文山，这里两峰夹一水，富川流贯其间，自然风貌十分幽深、美丽，文天祥把它建成一处可供自己隐居和修身养性的山庄，与友人徜徉山水之间，诗歌酬唱，不亦快哉。

就在咸淳四年（1268年）的冬至，朝廷又任命他为福建提刑。谁知还没有去上任，又被御史陈懋钦奏免了这个新任命的官职。御史就是一个以道德大帽子压人的官职，说好听点儿，他是忠直敢谏之臣，说不好听的，他只会挥舞仁义道德的大棒。

不过，文天祥对这第三次被罢官倒也并不在乎，他不急于出山当官，为了将来更好地为国为民尽力，他愿意在文山继续修炼心志。

言忤权相

文天祥的仕途可谓忽起忽落，朝廷不重用他，但也没有忘记他。想起他来，就把他调动一下，好在他已经习惯了。

咸淳五年（1269年）三月，江万里出任左丞相，马廷鸾出任右丞相兼枢密使。由于江、马的推举，文天祥被任命知宁国府（今安徽宣城）。

文天祥对官场的翻云覆雨已经厌倦了，不太愿意离开文山。但朝廷不允辞免，十一月，他只好赴任。

咸淳六年（1270年）四月，朝廷命文天祥为军器监，兼崇政殿说书，兼学士院权直，兼玉牒所检讨官。崇政殿说书是给皇帝讲课。学士院权直即翰林权直，地位仅次于翰林学士，负责起草文书。玉牒所检讨官职责是参与编写皇室家史。

文天祥刚到临安，正碰上江万里辞掉左丞相职位要离开京城。原来，贾似道以太师、平章军国重事的身份，专擅政权，丞相难有作为，江万里愤而要求辞职。朝廷只得让他赋闲去了。文天祥欲图挽留江万里，也无济于事。

文天祥要为皇帝讲书，其实是对牛弹琴。度宗因为出娘胎前受到药物影响，智力低于一般人，七岁才会说话。他登基以后，比理宗更加沉溺于酒色。凡是皇帝临幸过的嫔妃，按照惯例要于次日早晨去谢恩，由主管官员记录在案。度宗即位之初，一次前来谢恩的嫔妃竟然多达三十余人，由此可见这个皇帝荒淫到了何等地步。宋度宗自己一心玩乐，忙于醉生梦死，将朝政全部交给贾似道，称其为师臣，从来不呼名字。朝臣都得称贾似道为周公。又加号贾似道为平章军国重事、太师、魏国公。

文天祥决定利用给度宗讲书的机会，对他进行讽谏。

文天祥的忠诚直言，昏庸的度宗根本听不进去。

当时朝政把持在贾似道手里，此人自恃拥立度宗有功，飞扬跋扈，权倾朝野。他曾厉声对朝中百官大叫："你们这些人，没有我贾似道的提拔，怎有今天的地位！"礼部侍郎李伯玉心中不服，他说："我李伯玉殿试第二名，您不提拔，也可到这地位！"事后，李伯玉被赶出了朝廷。

贾似道多次玩弄辞官致仕的把戏，迫使度宗给他更大的权力。咸淳六年（1270年），贾似道以有病为由，跑回绍兴府，要求退隐。度宗仍然是涕泣下诏挽留。这出滑稽的闹剧一演再演，贾似道辞退的上疏前后写了十几份，而度宗皇帝挽留他的决心"益坚"。

这时恰好轮到文天祥起草挽留贾似道的诏书。他拟了两篇稿子，但并没有对贾似道歌功颂德。一篇只说去职有违众人之心，另一篇说大臣应以国家安危为重，"胡以为疾，而欲告休？"按照贾似道的规矩，文稿先要送到他那里去，他同意了才上报皇帝。文天祥直接把稿子送到了御前，而且文中没有恭维的话。贾似道知道后大为光火，指使别人另行起草诏书，而没有用文天祥的拟稿。

一个月后，贾似道授意御史台官僚弹劾，文天祥又一次被逐出官场。

这次被罢官，使文天祥对官场的丑陋现象更加深恶痛绝。从理宗景定元年（1260年）算起，到今年为官整整十年了，他换了无数个岗位，在每个地方待的时间都不长。

这次返回故乡，他再也不准备出山了。前些年，他曾想在文山建一栋住宅，一直未能如愿。这回山中的住宅终于兴建起来。这是一幢面北的山庄，占地一亩左右。周围环境幽雅宜人，溪山泉石，四妙毕具，与欧阳修的醉翁亭"环滁皆山"异曲同工。

文天祥想从此安居文山，消磨余生了。

从文天祥的《山中六言三首》诗中，我们可以看到他隐居文山的生活环境：

其一

两两渔舟摇下，双双紫燕飞回。
流水白云芳草，清风明月苍苔。

其二

鹤外竹声簌簌，座边松影疏疏。
夜静不收棋局，日高犹卧纱橱。

其三

风暖江鸿海燕，雨晴檐鹊林鸠。

一段青山颜色，不随江水俱流。

文天祥在闲居期间，日常除了读书教子，便是饮酒作诗、下棋弹琴、游山玩水、钓鱼游泳以及交友谈心。他在文山时写了很多诗，这些生活内容在他的诗中有大量的反映。特别值得一提的是，文天祥一生爱好下棋，直到他生命终止。而且，他还是个下棋的高手，几乎无人能战胜他，这是与他的思维敏捷和处事周密分不开的。

 再次罢官

从表面上看，文天祥罢官回家后，似乎力图超脱尘世，不问政事。其实，在他内心深处并未失去对社会和人民的责任感。他在离开宁国府时，曾经说过，"吾辈读书临民，正为今日行志"，也就是要为百姓谋福。只因皇帝昏庸、奸臣当国，不容他推行公道、直道，才被迫无奈回文山来养身修志。当人民群众遭遇灾祸时，他依旧会挺身而出，去尽力为之排解患难。

咸淳六年（1270年），江南大旱，吉州粮食歉收。吉州农民从来都以早稻当口粮，以晚稻充官租。今年早稻减产八成，晚稻收获也只有往年的一半，粮食全被官府收去，农家颗粒未留。来年农民的口粮将十减七八，人心惶惶，不知所措。富川有一千多人家，平常凡遇荒年，文家散米一天，不收钱，其他各家富户也依次接续赈粜，可维持三十天口粮。隔一日再粜，可维持两个月。今年大家都无米，人们便纷纷去邻近的龙泉、永新两县买米。而两县官府，为维护本地利益，不让粮食出境，他们也是出于不得已。而这一年赣州却风调雨顺，获得大丰收。知赣州李雷应是文天祥的同年进士，他曾写信告诉文天祥：赣州"年谷中熟，米价日低"。文天祥就抓住机会，写信给李雷应，请求赣州粜米支援吉州，信中说："庐陵一歉，异于常年，田里憔悴，不堪举目。惟赣素无余事，而得岁又偏，乡人颠顿者，往往相率而趋治国。民食关系，苟可通融，兼爱秦晋，公之惠也。"求援信虽已发出，但文天祥又考虑到，吉州素来号称粮食产地，而赣州山多田少，一向严禁出口粮食，恐求援不成。这时，江万里的弟弟江万顷知吉州，文天祥便写信给他，请他出面写信与李雷应通情，准许吉州人到赣州买米。这件事也反映了文天祥关心百姓疾苦的情怀。

文天祥在文山，虽然离开了官场，但是思想上仍然关心着国家大事，并常在一些文章中抒发他的政治理念。如，咸淳七年（1271年）五月，他受知赣州李雷应之托，写了《赣州重修清献赵公祠堂记》。他在记中说到北宋名臣赵抃在当地方官时，"其政本之以清淡，行之以简易，宽不为弛，严不为残"。又说，当王安石变法时，赵抃"上疏言财利于事为轻，民心得失为重，不罢青苗使者，非宗社之福"。并认为，赵抃因反对变法被罢官后，"小人相继用事，浊乱天经，蘖牙祸根，荆舒之罪，秽污简册"。这里说的是赵抃之事，其实表达的正是文天祥自己的政治主张：为官施政，应当宽简而严肃；要减轻人民的经济负担，以免失去民心。这种政治主张，无疑是较为开明的。不过，由于文天祥对王安石及熙宁新法缺乏全面而深刻的理解，加上新法推行过程中确实存在种种弊端，也许还因受了南宋理学名臣们否定王安石变法的舆论影响，文天祥对王安石的评价未免有些偏颇。

　　咸淳七年（1271年）秋天，襄、樊危急和蒙古兵大败宋军范文虎部及两淮十万舟师的消息传到了庐陵。文天祥闻讯后，心中再也不能安静下来。他想，如今国运垂危，民众陷于水火，自己怎能恬然自适？这时，文天祥在文山新建的住宅，只有厅堂刚竣工，其他房屋尚未造成。他想，匈奴未灭，何以家为？立即停止了造屋计划。

第四章

山河破碎风飘絮

南宋失去襄阳之后，败亡之势已不可挽回，在当时的三大战场上，四川战场早已残破，宋军只能偏居川东一隅，苦守长江上游门户；京湖防线在失去襄阳之后，鄂州前方已无屏蔽，随时都有被元军攻克的危险，只有两淮防线尚属稳固。可是元军既然已有能力从中路打开局面，两淮防线也就失去了意义。因此，国家的兴亡已经命悬一线，南宋君臣们还能有什么作为呢？

风雨如磐

襄阳失守之后，宋元之间的战局急转直下，南宋王朝已经处于国运垂危的阶段，而咸淳十年（1274年）是形势变化的关键一年。

吕文焕出降之后，为求自保，急忙向元军将帅献上了进取郢州（今湖北钟祥）之计。郢州位于今湖北省中部，汉江中游地带，是介于襄阳与鄂州之间的一座军事重镇。襄阳大战期间，南宋京湖安抚制置使李庭芝的战前指挥部就设在这里，因此屯集了大量兵力，并不是轻易就能得手的地方。元朝诸将刚立完大功，都对攻打郢州的计划兴趣索然，谁也不肯回应，只把吕文焕礼送到大都与忽必烈相见。忽必烈为了给南宋尚未投降的将领树立一个良好的榜样，非但没有责怪吕文焕坚守之罪，还将他封为昭勇大将军、侍卫亲军都指挥使、襄汉大都督，官爵竟比他在南宋时还要显赫，这一招果然见效，后期元军大举南侵时，南宋大批将领果然是望风而降。

襄阳号称"南船北马、七省通衢"，水陆要道四通八达，元军占领此处后，南宋长江中游门户洞开，元军已经具备了沿汉水进入长江，长驱而下直取临安的客观条件，忽必烈也确实有意即刻南征，好尽快扫清六合，统一天下。不过在刚刚结束的襄阳之战中，元朝耗费了太多的国力，如果立即出兵进行新一轮的大规模作战，恐怕国家折腾不起，忽必烈在与诸多谋臣反复论证之后，觉得还是应该把这个时间稍微向后拖延一下，这就给南宋留下了最后一丝喘息之机。

南宋失去襄阳之后，败亡之势已不可挽回，在当时的三大战场上，四川战场早已残破，宋军只能偏居川东一隅，苦守长江上游门户；京湖防线在失去襄阳之后，鄂州前方已无屏障，随时都有被元军攻克的危险，只有两淮防线尚属稳固。可是元军既然已有能力从中路打开局面，两淮防线也就失去了意义。因此，国家的兴亡已经命垂一线，那么南宋君臣们又是何种手段来应对这种危急的局面呢？

前文曾经说过，当襄阳陷落的消息传到临安之后，贾似道痛心疾首，自称"战眩颠沛，几乎无生"，然后上表请求出京巡边，可是宋度宗一直拿他当主心骨看待，越是这种危难时刻，就越不肯放他出京，于是一再对其挽留，然后又在朝中设置"机速房"，交给贾似道署理。

机速房主要职能是处理军机要务，类似于清代的军机处，但只由贾似道一人署理，下设僚佐两名，由贾似道的亲信许自、家铉翁担任，总理全国的军政大事，由于当时处于战争年代，军情压倒一切，所以机速房的实权已经凌驾于相府、枢密院之上，成为国家最高决策部门，可见宋度宗设立机速房的举措，当属南宋末年的一次重大行政改革，只可惜所带来的效果实在令人不敢恭维。

在机速房的三名骨干成员中，贾似道在掌权之前或许还有一些作为，可到后来已经彻底腐败堕落，他的能力不必细说，而剩下的两名僚佐也都是只知空谈误国的腐儒。周密在《癸辛杂识》别集中有过这么一段记载，说的是当襄阳陷落之后，民间不断有士人上书朝廷献计献策，试图解救国家于危难之中。当时有一个叫杨安宇的四川人也来凑热闹，跑到机速房自称胸怀妙计，足以抵御元军。僚佐许自听完大喜，急忙以很低的姿态将杨安宇迎进机速房，虚心询问计策，可是交谈之后才发现，这个杨安宇其实是个江湖骗子，那些所谓的良策其实就是一些旁门左道的把戏，许自大失所望，认为自己是被人戏弄了，气急之下就操着家乡的福建土话对其破口大骂，谁知这个杨安宇也是个火爆脾气，立即用四川方言与许自对骂。本来许自以国家大员的身份和一个江湖骗子当庭对骂，已经是很失体统了，不想他在被骂之后却感到高兴无比，因为

他突然发现四川的骂人话构思巧妙、新颖独特，让人听起来有一股酣畅淋漓的感觉，于是许自就别出心裁地上书请求把杨安宇派往前线，让他用这种威力巨大的污言秽语将元军骂退，这简直就已荒诞到了极点，南宋把国家的安危交到这种人的手里，哪还有半点起死回生的希望？

　　而对于襄阳之战的善后工作，南宋朝廷处理得也是一塌糊涂。一般来说，在这种大规模的战役失败之后，不论什么原因，都要追究相关将帅大臣的行政责任，可宋廷为了稳定人心，几乎毫无作为。身为京湖战场主帅的李庭芝，虽然在战役过程中尽心用力，但既然战败，李庭芝也只能按规矩自请引咎辞职，朝廷也给予批准，可是不到半年就被起复为两淮安抚制置使，还被赐钱二百万缗，以作犒赏备御之用。而在襄阳之战中一直跟李庭芝作对的范文虎，已在此战结束前被解除军职，转为知安庆府，此时朝野舆情汹汹，纷纷要求追究他的行政责任，但在贾似道的包庇下，范文虎只被降了一官，仍知安庆府。其他将领也大多如此，就连降将吕文焕的亲族都没有受到牵连。

　　当时吕文德之子吕师夔出任广西经略安抚使、知静江府，当吕文焕开城投降的消息传来后，吕师夔吓得是魂飞魄散，急忙连上五道表章自劾待罪，称自己在得知吕文焕投降之后，难过得"陨越无地，不能顷刻自安"，请求朝廷能让自己交出本兼各职，发往军前效力，"毁家纾难，以赎门户之愆，以报君父之造"。吕文焕的从兄吕文福当时知庐州，闻讯之后也急忙上表待罪，但在贾似道的包庇之下，这些人竟然安然无事。虽说此前吕师夔和吕文福都不在京湖战场上，确实不必为襄阳的失守而负责，但是他们都是吕文焕的至亲，吕文焕投降之后，朝廷即便不对他们进行株连，是不是也应该让他们避避嫌，离开重要的边防岗位呢？可朝廷竟然不闻不问，依旧对他们信任有加，结果到后来元军大举南侵时，这些人马上就全部投降。

　　与惩处败军之将的无所作为相比，宋廷对褒奖死节将士的行动做得却是有声有色，在襄、樊之战中殉国的范天顺被追封为静江军承宣使，牛富被追封为金州观察使，两人的儿子也都授官、受赏田地金币抚恤其家，凡是在襄、樊两城中逃回来的将士都给以加官赏钱，对那些随吕文焕降敌但又逃回来的官员也给予加官晋爵，宋朝优待官员的作风由此可见一斑。以宽为政、善待大臣的做法固然令人称道，但凡事都要讲个不偏不倚，光奖不罚不合中庸之道。宋廷为激励士气而大行嘉奖死节之士并没有错，但对那些败军之将也不闻不问，未免有过于宽松的嫌疑，因为既然战败也不会受到处罚，谁还会去拼死作战呢？

南宋在襄阳之战后的一年内，除了搞出来一个不伦不类的机速房和对边关将帅稍做调整之外，几乎什么也没有去做，白白浪费了一整年的宝贵时间，也就只能坐以待毙了。而在这一年当中，元朝一方却没闲着，就在吕文焕开城投降的第二个月，忽必烈就诏令大将刘整在兴元府、汴京等处打造战舰两千艘，以备大举南征之需。当年（1273年）四月，忽必烈又对河南的行政制度进行了改革，将诸路行省罢废，改为东西两行枢密院事，按照元朝制度，地方有警，则建行枢密院事。忽必烈此举，使元朝的行政体制在大战之前，就先行进入了战争状态。六月，忽必烈为了收买人心，开始不断赈济饥民，并免除了上都、南京两路的赋税，又因为刘整与阿里海牙不和，便将襄阳守军一分为二，命两人各统一部。进入九月，秋粮已经收获，蒙古在这一年中没有大动干戈，收完秋粮就已恢复了国力，大举南征之事也就提上了日程。

咸淳十年（1274年）正月，忽必烈将诸路将帅召入大都，询问南征灭宋之策，阿里海牙言："荆襄自古用武之地，汉水上流已为我有，顺流长驱，宋必可平。"阿术也在一旁说道："臣略地江淮，见宋兵弱于往昔，今不取之，时不能再。"忽必烈又征询史天泽的意见，史天泽说道："此乃国家大事，陛下应派安童、伯颜此类重臣亲自出马，都督诸军，如此，则四海混同指日可待。臣虽老迈，如任副将，犹足为之！"

忽必烈沉思片刻之后说道："伯颜可办此事。"随后便命中书省再签十万大军，元朝南征灭宋之举就此正式走上了轨道。

鄂州失守

　　伯颜是蒙古八邻部人，他的祖父阿拉黑是成吉思汗时代的千夫长，叔祖父则是大名鼎鼎的中央万户长纳牙阿，都是蒙古征战四方的骨干。伯颜年轻时，曾随拖雷第五子旭烈兀远征西域，是伊利汗国的开国功臣。但在咸淳元年（1265年）时，伯颜奉命回国奏事，忽必烈见过之后，认为他长相出众、能力又高，为诸侯服务实在是大材小用，所以就把他留了下来，先任中书左丞相，再迁右丞相，后来又改任同知枢密院事，至此被升为行中书省丞相，总领灭宋事宜。

　　咸淳十年（1274年）六月，忽必烈认为大举南征的时机已经成熟，便以南宋扣留元使郝经为借口，正式发出了讨宋诏书，号召三军将士，水陆并进、大举南征，伯颜也于诏书发出的一个月后带兵启程，这对于南宋来说，将是一次关系到生死存亡的巨大考验，然而不巧的是，宋度宗偏偏又在这个时候驾崩了。

　　咸淳十年七月九日，宋度宗赵禥突然驾崩于福宁殿，年仅三十五岁。宋度宗为帝十年，其间既无重大过失，也无丝毫作为，国家大权全都掌握在贾似道手里，宋度宗则只知道沉湎酒色，其余万事不理，到他统治末期，南宋国内文恬武嬉、吏治败坏，物价连年飞升，百姓生活在水深火热之中，各种社会矛盾空前严重，亡国之兆已尽显无遗。

　　宋度宗当了十年皇帝，生了七个儿子，但存活率不高，有四个儿子已经在他死前夭折，剩下的三个儿子中，老大是由杨淑妃所生的赵昰，时年七岁；老二是由全皇后所生的赵㬎，时年四岁；老三是由俞修容所生的赵昺，时年三岁。宋度宗去世非常突然，没有来得及对新君人选做出安排，不过古时立嗣制度是很成熟的，既然皇后已经有了儿子，自然是要由度宗的嫡子赵㬎来继承皇位，于是大臣们就共保他登基，就是后来的宋恭帝，又因为他年纪太小，群臣们又请谢太后（理宗皇后）临朝称制，但朝中大权仍然掌握在贾似道手中。

贾似道在这一年中，声威达到了他政治生涯的顶峰，当年正月，贾似道的母亲去世，宋度宗特地降旨命百官随贾似道一起去台州办理丧事，特许在贾母的葬礼中使用天子的仪仗，将贾母的坟垒成山陵形状。典礼之日，整整下了一天的暴雨，文武百官都始终站在雨里，一动也不敢动，等丧事办完，宋度宗马上就下诏贾似道不必守制，立即回朝视事。宋度宗既然给了这么大面子，贾似道也就没有再推辞，接旨之后就返回了临安，仍任太师、平章军国重事。

宋度宗死后，垂帘听政的谢太后又依照北宋文彦博故事，让贾似道享受"独班起居"的政治待遇，继续操纵朝政，不过随着元军的大举南侵，贾似道的政治生涯也就走到了尽头。

咸淳十年（1274年）七月二十一日，元朝南征主帅伯颜从大都起兵。临行之前，忽必烈特意嘱咐伯颜，称自古以来，能够和平夺取江南的，唯有北宋开国大将曹彬一人而已，希望伯颜能向曹彬虚心学习，尽量减少杀戮，"体朕心，为吾曹彬可也"，伯颜也慨然应诺。事实证明，忽必烈的这一指示，确实为日后元军顺利征服江南起到了至关重要的作用。

元朝这次出兵，仍然兵分两路，左路军作为侧翼，以中书右丞博罗欢为主帅，参知政事董文炳为副帅，降将刘整为前导，从枣阳出兵西侵淮西，目的是牵制南宋两淮的兵力；右路军作为这次南征的主力军，由左丞相伯颜为主帅，汉军大将史天泽为副帅，由降将吕文焕为前导，率领大军二十万，对外号称百万，从襄阳水陆并进，浩浩荡荡杀入南宋的京湖战区，准备夺取鄂州，然后顺长江而下，直奔临安。

咸淳十年（1274年）九月二十日，元朝大军逼近汉水中游重镇郢州（今湖北钟祥）。当时郢州守将是被后人尊称为"宋末三杰"之一的张世杰，此人的勇略虽然不能跟古时良将相比，但在当时的宋军之中还算是出类拔萃的。郢州筑于汉水之东，张世杰为了加强这里的防御力量，特地在汉水西岸又筑了一座新城，与郢州夹江相对，然后在两城之间的汉水上密植桩木，横上铁链，又在两岸之上架起炮弩，严密封锁江面，构成了一个类似于当年襄阳、樊城的防御体系。

可惜郢州的地势难以与襄阳相比。如果把整个京湖战场比喻成一座办公大楼的话，襄阳就是这座楼的正门，过了这里道路就发散了，郢州虽然也可以比喻成为主楼梯，但是由于还有副楼梯存在，就使元朝大军有了另外的选择。

伯颜率领大军到达郢州之后，抓来不少当地百姓询问情况，得知郢州兵精城坚，难以攻克，但是在郢州之南，有个叫黄家湾堡的地方，那里有一条水道可以进入藤湖，大军完全可以从藤湖绕过郢州，进入汉水。伯颜派人侦查了一下情况，果然如此，不由大喜，立即传令大军从黄家湾堡进入藤湖，准备放过郢州不打，以最快的速度直奔鄂州。

当时有不少将领都对伯颜这一决定很不理解，纷纷说道："郢州是交通要道，现在不将其攻克，等将来撤军的时候可怎么办啊！"伯颜哈哈大笑道："你们这些人，真是头发短，见识更短，等我进了江南，南宋就瓦解了，还要郢州这个地方有什么用呢？"诸将恍然大悟，这才明白过来，原来伯颜根本就不在乎一城一地的得失，而是要直取南宋要害，迅速将其灭亡，这种眼界堪称是高瞻远瞩。

伯颜传命诸军在当地略作休整，然后于十月下旬率全军悄无声息地沿黄家湾堡进入了藤湖，行进数十里后，又绕入汉水，这时张世杰才明白元军的作战意图，不由大惊失色，急忙派副都统赵文义率两千兵马追击，可是已毫无用途，赵文义虽然英勇作战，但终因寡不敌众，当场战殁，部下战死者达五百余人，其余也都纷纷溃散。

十月二十三日，元军来到沙洋（今湖北荆门东南），伯颜派俘虏持黄榜入城招降，沙洋守将王虎臣虽然被突然来临的元军惊得色变，但坚决不肯投降，伯颜又派吕文焕前去劝降，仍然没有效果，伯颜于是开始传令攻城。沙洋是座小城，元军使用一种金汁炮作为主要的攻城器械，这是一种火炮，又赶上这一天西北风大作，元军顺风发炮，当天就把城池攻破，守将王虎臣被执，余众全部惨遭杀害。

次日，元朝大军来到了沙洋南五里的新城，这是李庭芝任京湖安抚制置使时修建的一座小城，由其爱将边居谊镇守。伯颜根本没把这座城放在眼里，到达之后就命人把沙洋守将王虎臣押到新城之下，喊话道："边都统快快投降，否则大祸至矣！"但城上毫无反应，伯颜就命人用箭将黄榜、檄文射入城内，希望守城的兵将能自动放弃抵抗。

边居谊看过黄榜之后，也派人登上城头喊话，说要和吕文焕直接对话。吕文焕只当他是想向自己投降，不禁大喜过望，得意扬扬地来到城下，刚要向上喊话，谁知城上突然乱箭齐发，吕文焕猝不及防，右臂被箭射中，战马也被射死，差一点就被宋军捕获，幸亏左右拼死力救，这才使他逃过一劫。

吕文焕投降之后，被忽必烈授予高官显爵，所以一门心思地想多招揽几个叛徒，以报答圣主的知遇之恩，谁知自出兵以来，非但没能招降一兵一卒，还差点被人骗杀，不禁让吕文焕感到脸面丢尽，于是也不顾臂上的箭伤，立即传命攻城，但又被边居谊用火器打退。其后几日，元军继续攻城，边居谊率军拼死抵挡，城里守军有想缒城出降的，也被边居谊捕获后斩杀于城头，不可谓不尽心用力，可是新城毕竟是座小城，抵御了仅仅数日，就被元军攻克，城内三千守军全遭屠杀，守将边居谊在城破之前，携全家蹈火而死，壮烈殉国。

十一月下旬，元军逼近复州（今湖北天门），知复州翟贵举城迎降。复州是鄂州前方的最后一座重镇，伯颜在得到翟贵投降的消息之后，严令诸将不得纵一兵入城，要以最快的速度直奔鄂州，争取早日渡过长江天堑。

在此之前，宋廷已经得知伯颜绕过了郢州南下，知道鄂州又将再受威胁。为了保住长江天堑，宋廷急忙派淮西制置使夏贵和京湖宣抚使朱禩孙（驻军江陵）火速驰援鄂州，其中淮西制置使夏贵已经率战船万余艘先行赶到，并命都统王达率八千人马守住江畔要塞阳逻堡，再派部将王仪驻守汉阳军，控扼元军由汉水进入长江的通道。

十二月上旬，元军各部都已陆续赶到了长江沿岸，进入了战斗状态，但宋军防守严密，令元军不能轻易渡过。十二月十一日，伯颜便派人去阳逻堡，想要招降守将王达，但王达却对来人说："眼前的事情都是明摆着的，你们要过了长江，南宋就要亡国了，我世受国恩，没有叛变的道理，现在就拿我的命跟你赌上一把，输赢成败在此一举。"

伯颜听完知道他不会投降，便率军发起猛攻，但连攻三天也没有能够攻克阳逻堡，于是便将阿术找来商议道："宋军以为我们只有攻克阳逻堡才能渡江，所以在这里布下了重兵，我看还是不宜力取，你今晚就带兵溯江而上，争取在上游找到突破口。"阿术对此深表赞同，当夜就率军沿江而上，来到青山几对面停住。

青山几位于鄂州东北二十五里，尾亘长湖，首枕大江，也是江防的紧要之处，宋军在这里也驻有重兵。不过恰巧这夜大雪，宋军的防备有所松懈，阿术便趁机传命诸军全线出击，万户史格（史天泽之子）率军先行，南宋荆鄂都统程鹏飞率部迎战，两军大战于长江中流。这一战打得非常激烈，史格被乱箭射中，但仍奋勇作战，终于将程鹏飞击退，阿术趁机率兵渡过长江。在长江南岸，双方又再次展开混战，元军曾被多次打散，但均被阿术聚拢回来，最终程鹏飞身披七创，力不能支，只好弃阵逃跑，阿术便命人在江上架起浮桥，将元军余部接到长江南岸，然后派人向伯颜报喜。

伯颜得知阿术已渡过长江之后，大喜过望，立即召集部队再度猛攻阳逻堡，此时南宋淮西制置使夏贵也收到元军渡江的消息，因此无心再战，立即率军逃走，又纵兵在长江西南岸大肆劫掠一番，逃回庐州。阳逻堡遂落入了元军手中，守将王达以下八千余人全部战死。此战过后，伯颜便率主力安然渡过长江天堑，为了显示其必胜的决心，伯颜下令将渡江所用的三千艘战船全部焚毁，浓烟滚滚，遮云蔽日，鄂州军民望之无不生畏。

元军顺利过江之后，就已兵临鄂州城下，此时鄂州守将李雷刚刚被罢职，城内由京湖宣抚司参议官张晏主事，此人既无威望又无能力，

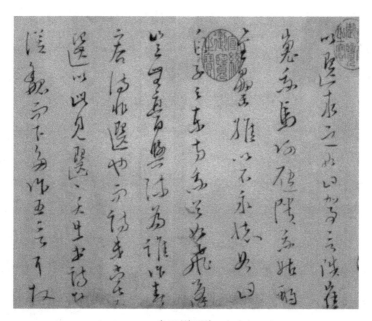

文天祥手迹

从来没见过这么大场面，急得不知如何是好。但紧跟着就传来消息，汉阳守将王仪已经开城投降，荆鄂都统程鹏飞也向元军投降，而奉命援救鄂州的京湖宣抚使朱禩孙在听到阳逻堡失守的消息后，立即率部逃回了江陵，张晏情知无法再守，于是急忙开城投降。至此，南宋坚守了一百四十余年的长江防线，终于被元军彻底撕开了。

丁家洲之溃

鄂州是长江中游的头号军事重镇，伯颜于咸淳十年（1274年）九月率领大军从襄阳启程，当年末就已经进入了鄂州城内，行军速度惊人，伯颜对此非常满意。入城之后，他对南宋降将及军民都好生抚慰，并给那些投降过来的将领重新做了安排，命知汉阳军的王仪仍任原职，荆鄂都统程鹏飞还被升为荆湖宣抚使，其他降将也都有封赏。而元军也一改此前的野蛮作风，入城之后不但没有烧杀劫掠，连棵菜也不敢向老百姓索取，军容军纪有了大幅提高，简直就像变了一支队伍，于是鄂州军民皆大欢喜，城中秩序井然，与元军到来之前没有太大的分别。

为了不给南宋留下任何喘息之机，伯颜在刚刚进入鄂州之后，就命大将阿里海牙率兵四万驻守鄂州，自己则与阿术率大军继续沿江南下。这时南宋降将吕文焕就派上了用场，因为京湖地区本来就是吕家的天下，吕氏兄弟在这里镇守多年，袍泽故旧遍布四方，影响力无与伦比。而在吕文焕投降之后，贾似道为了避免闹出大乱，竟然企图用吕氏旧部来安定局面，所以仍让这些人留在重要的岗位上工作，结果可想而知，在元军进入鄂州之后的短短一个月内，沿江制置使陈奕、知蕲州管景模和副将吕师道、知江州钱真孙和守将吕师夔、知安庆府范文虎等吕氏旧部纷纷望风而降，元军几乎是兵不血刃地连下沿江重镇，势如破竹般直捣南宋的腹心之地。

此时南宋君臣的信心已经全面崩溃，朝野内外只好又把希望寄托在贾似道身上，盼着这个"再造宋室"的功臣能再创奇迹，于是上疏请求贾似道带兵迎战的表章如同雪片一般飞入朝中。事情既然已经到了这个地步，谢太后自然也就不会阻拦，贾似道虽然明知道出战必败，但既然处了这个位置，想躲也躲不过去，只好打肿脸充胖子，模仿诸葛亮的样子上《出师表》，大表自己的功劳，又不断埋怨宋度宗在襄阳失守之前，不肯放自己离京督战，搞得事情糜烂至此。

事到如今，谢太后对这些牢骚话也无心计较，赶紧给贾似道调集了十三万精兵和两千五百艘战船，以及大批粮草、器械、金银、交钞等战略物资，寄希望于贾似道能一战退敌，再挽宋室安危于一发之间。

德祐元年（1275年）正月十六日，贾似道率大军出发，当时元军已经到达了安庆府，贾似道便以侍卫步军指挥使孙虎臣为前锋，率七万大军进至丁家洲（今安徽铜陵东北长江中），自己则率后军屯驻鲁港（今安徽芜湖南）。数日后，淮西制置使夏贵也领兵数万来会，贾似道便将他任命为水军统帅，率战船横亘江中，摆出一副决战的姿态。

然而对于这次出兵，贾似道的自信心明显不足，样子虽然是做出来了，可是并不敢真和元军决战，只想用和谈的手段把元军哄退，于是就派人找到刚刚降敌的吕师夔，想让他在从中斡旋。吕师夔是吕文德之子，他们一家受过贾似道不少恩惠，按说理应回报，可是他毕竟刚刚投降，在那边还没有什么地位，因此不敢接这个重任。贾似道见得不到回信，只好又派出当年在鄂州就曾代自己与元军议和的宋京去安庆府，试图寻找与元军谈和的机会。

宋京这次出使，贾似道明确指示他可以称臣纳贡，不像当年在鄂州时，只给他开出了一张空头支票，这是因为此时元军已经在长江之南站稳了脚跟，形势要比当年危急得多，再有就是贾似道的官位也比当年大得多，也能够做得了这个主。不过对于元军来说，这种条件已经没有任何吸引力了，伯颜见到宋京之后，根本就不与他详谈，只是说了一句："我军未渡江之前，这种条件是可以接受的，现在沿江州郡都已落入我手，如果贾似道真想议和的话，就叫他亲自过来吧！"

不过这个时候，又出现了一个新的情况，就是忽必烈在得知元军的战况之后，一方面为伯颜进军神速而鼓舞，但同时又担心元军进展速度过快，战线拉得太长，生怕出现意外，于是就派兵部尚书廉希贤和工部侍郎严忠范通知伯颜暂时先屯驻于安庆府，由他两人奉国书赴临安，准备逼迫南宋不战而降。

关于忽必烈给南宋开出的议和条件，因为缺乏确切记载，所以搞不清实际内容。不过既然元军已经渡过了长江，忽必烈恐怕绝不会甘心只让南宋奉表称臣而已，可是南宋虽然失去了长江天堑，但兵力尚多，地盘也有不少，如果让南宋君臣束手就擒，他们也绝不会答应，因此忽必烈此举实际上有些多余。

伯颜接旨之后，便找来阿术商量，说道："现在我军的形势一片大好，可皇上却下令不出击，你来分析一下，看看这个事情究竟怎么处理才好？"伯颜出兵后不久，副帅史天泽就因病下岗，由大将阿术代领其职，他闻言之后便很负责任地说道："主上这种安排真是很出人意料，不过现在的形势当属逆水行舟、不进则退，如果我们放过了贾似道，恐怕到了夏天之后，宋军就会利用我军不耐炎热的生理习性发起攻击，到时候所得州郡恐怕都很难保全。何况宋人一向无信，刚说完想要议和，又派人抓了咱们的巡逻兵，我看只有发兵进击，如果皇上怪罪下来，责任我一个人承担。"伯颜听完大加赞赏，随即传令发兵，于二月十六日抵达丁家洲，在距离宋军仅数里之处扎住阵脚，准备与宋军决战。

此时宋军所面前的形势已经非常严峻了，但反过来看，又未尝不是一个反败为胜的绝佳机会。这是因为在元军渡过长江天堑之后，恃江立国的南宋就已经命悬一线了，不过万一要能在这里击败元军的主力，不但能把元军赶回长江之北，还能使他们元气大伤，说不定连襄阳都能夺回来。

从当时的情况来看，这种机会并非没有，伯颜渡江时率领二十万大军，但是有四万人正驻守鄂州，手头只有十五六万人马，而贾似道离京时带有十三万大军，加上夏贵带来会合的淮西数万兵马，人数应该与元军大致相当。元朝在这些年中，虽然在水师建设上取得了长足的进步，但水战一向是南宋的老本行，也不应该弱于元军，何况这还是在南宋的本土作战，宋军对这里的自然条件肯定要比元军熟悉得多，更不应该落于下风。

可惜条件再好，也需人来掌握。宋军主帅贾似道，是一个典型的纨绔子弟出身，年轻时还勉强算是小有作为，可是当了这么多年的大官之后，能耐不见半分增长，腐朽性却是与日俱增，早已不复当年之勇；宋军的副帅兼前锋孙虎臣，本来是个无名之辈，全靠巴结贾似道才谋得美差，根本就没有任何可取之处；唯独赶过来会合的夏贵算是一员久经沙场的老将，有一定军事才能，可夏贵既是吕文德的淮西老乡，又曾是他的旧部，因此与吕氏集团中人关系非常密切，此时那些人都已向元军投降，夏贵的心思也不免活动起来，加上他既不满孙虎臣位在自己之上，又因不久前刚在鄂州大败一场，生怕万一贾似道得胜之后会追究他的罪过，所以根本就不盼着宋军能够取胜。宋军的三名主将都是这个样子，谁胜谁败也就可想而知了。

二月二十日，元军大将阿术率领水师对宋军发起猛攻，伯颜则在岸上架起巨炮轰击宋军船队，顿时将宋军横亘在江中的舰队冲击得一片混乱，多亏宋军水师先锋将姜才拼死抵挡，才使宋军暂时稳住了阵

文天祥纪念馆

脚。谁知就在姜才拼死与元军作战之时，却发生了一件能把人活活气死的事情。

姜才在宋军之中，以勇猛善战而闻名，他有一个美妾，生得貌美如花。姜才出来打仗，生怕后院起火，于是就把这名美妾一起带到了军中，可不想又被副帅孙虎臣惦记上了，姜才刚一出战，孙虎臣扭头就上了他的船，然后钻进舱内就对那名美妾欲行非礼。

孙虎臣这种行为，显然是到了不要脸的地步，姜才船上的士兵大为不满，齐声高喊："步帅遁矣（孙虎臣是侍卫步军指挥使）！"于是军心大乱，本来就无心作战的夏贵立即带兵逃窜，在经过贾似道座舰时又大声高喊："彼重我寡，势不支矣！"贾似道情急之下，立即鸣金收兵，宋军水师又急忙掉头，这一下阵形彻底失控，阿术趁机率元军冲了进来，顿时将南宋水师杀得溃不成军。贾似道、孙虎臣、夏贵、姜才等人纷纷落荒而逃，宋军死伤不计其数，连江水都被鲜血染红。

当晚，贾似道逃到了珠金沙，将手下那些残兵败将们召到一起议事，一个个都是愁眉不展，唯有大将夏贵神态自若。副帅孙虎臣是最后一个到的，见到贾似道就捶胸痛哭道："吾兵无一人用命者！"夏贵听完竟然微笑说道："我曾拼死力战。"贾似道明知他是在大言不

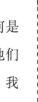

惭，却也无心计较，只是问道："现在仗打成这个样子，又该如何是好呢？"夏贵无所谓地说道："队伍已经成了这个样子，还指望他们退敌吗？师相还是赶紧回扬州招揽溃兵，然后把圣驾接到海上避难，我还是回淮西替国家守好地盘。"说完也不等贾似道答话，就自领本部人马返回了淮西。

贾似道虽对夏贵的态度大为不满，但也觉得除了去扬州之外，再也没有什么好路可走，也只好带着孙虎臣等一干心腹将领连夜逃往扬州。第二日，溃兵蔽江而下，贾似道派人扬旗召之，竟然无人肯理，倒有不少人对着旗榜大骂不止，堂堂的师相贾似道对此无可奈何，他的威风已经到了尽头。

贾似道之死

德祐元年（1275年）二月二十四日，惊魂甫定的贾似道逃进了扬州城，连夜上书请求谢太后赶紧带皇帝迁都避难，同时用蜡书暗中指示殿前军都指挥使韩震保护皇帝离京，并在信中说道："但得赵家一点血，即有兴复之望。"而在朝廷接到贾似道的表章之前，宋军兵败于丁家洲的消息已经传回了临安，朝野内外不由惊恐万分，阻挡元军入京的信心已随之全面崩溃。谢太后无奈之下，只好一面连发诏书，征召天下兵马入京勤王，又一面派人送信给降将吕文焕，托他在其中斡旋，看看能不能找到与元军议和的机会。

吕文焕降敌之后，就已经彻底沦为元朝鹰犬，但心中多少还有一丝良知尚存，所以回信的时候一再解释自己叛变投敌是无奈之举，可见他还是觉得自己的行为，对不起南宋对他的恩德。不过尽管如此，吕文焕毕竟是刚刚投降元朝的宋将，不敢揽这个差事，所以就婉拒了谢太后的请求。而就在此时，又发生了一件出人意料的事情，忽必烈派来议和的使者被宋军误杀，使宋元两国议和的最后一丝希望也就随之断绝了。

原来，在丁家洲之战前，忽必烈派遣兵部尚书廉希贤和工部侍郎严忠范赴临安议和。在和伯颜碰头之后，这两人就请伯颜派出一队人马保护他们的安全。伯颜听完就劝他们说："使者就是送信的，没人会加害你们，我要派兵护送你们，万一引起宋军误会，反倒会对你们不利。"道理虽是如此，可是廉希贤和严忠范担心路上不安全，因此一再坚持，伯颜也没有办法，便派出了一支五百人的队伍保护他们前进，结果到了独松关（临安西北的重要关隘）时，守将张濡竟然将这支队伍误以为是元军的先头部队，于是就不问青红皂白地率兵杀出，严忠范当场被杀，廉希贤重伤被执，不久就死在押往临安的路上。

伯颜得知此事后，立即致书谴责南宋杀使的行为，这时宋廷才知道廉希贤和严忠范是过来议和的，不由后悔莫及，急忙又派人过去解释，称这件事完全是边将的个人行为，与朝廷没有任何关系，宋廷一定会严惩凶手，为元使抵命，希望能与元朝再开议和。可实际上，张濡杀掉元使之后，不但没有获罪，还因功被升为知广德军，这个消息又被伯颜知道了，所以他根本就不肯相信宋廷的话，只是为了探明虚实，这才派行省议事官张羽随宋使回临安。可是由于南宋当时的局势异常混乱，张羽刚刚走到平江府（今江苏苏州），就被当地的戍卒所杀，这一来，就连南宋方面都不好意思再谈议和了，伯颜当然也不会再派使者过去，两国议和之路也就彻底中断了。

就在这个非常短暂的和谈期内，局势又有了新的变化。伯颜在丁家洲大胜之后，率领大军乘胜南下，沿途州郡不是被元军轻易攻克，就是主动投降。当年三月初二，伯颜就已进入了长江第一重镇建康府（今江

苏南京），随后开仓放粮，赈济灾民，当时江东流行瘟疫，伯颜还派医生去给百姓们治病，由是大获民心。与之相比，临安城内却是愁云密布，可朝中大臣仍在为争权夺利而钩心斗角。

丁家洲兵败之后，贾似道跑到了扬州，他的亲信翁应龙则逃回了临安，别人问他贾似道在什么地方，翁应龙回答不知道，于是上到谢太后、下到文武百官都认为贾似道已经死了。谢太后为了稳定政局，急忙将贾似道的亲信陈宜中升为参知政事，又命她的兄弟谢堂出任两浙镇抚使，谢至为保宁军节度使，全皇后的弟弟全永坚加检校少保、出任浙东抚谕使，福王赵与芮出判绍兴府，把这些宗室、外戚纷纷提拔到重要岗位。可是这些任命刚刚下达完毕，贾似道请求宋廷迁都的表章就已经回到了京城，顿时让谢太后不知该如何是好。

贾似道当权的时候，宗室和外戚是不受重视的，这些人刚刚升官，热乎劲还没过去，都不肯支持贾似道；而以宰相王爚为代表的百官，因为以前总受贾似道的压制，这时也开始趁机反对贾似道。新得宠的参知政事陈宜中本来是贾似道的死党，但此人又是个忘恩负义的卑鄙小人，认为贾似道已经成为他前进路上的绊脚石，必须把他一脚踢开，因此也跟着落井下石。贾似道于是众叛亲离，倒台已成了必然。

谢太后收到贾似道的表章之后，便召集群臣商议对策，王爚首先发表意见，认为天子应该居中，不可擅离京城，谢太后当时并没有表态，结果王爚立即以政见未被采纳为由离京而去。不久之后，南宋就读于宗学的学生们也跟着上书称："朝廷迁都，不是到庆元（今浙江宁波），就是到平江（今江苏苏州），不过皇帝能去，蒙古人就也能去，何必白白折腾一场呢！"

这时朝中新贵陈宜中为了撇清自己和贾似道的关系，竟然提出了请斩贾似道以谢天下，想把贾似道置于死地。倒是谢太后还念着贾似道曾有勤勉三朝之功，认为如果因为一次误国就将其诛杀，不符合宋朝历来优待大臣的传统作风，所以就只罢去了他的平章军国重事和都督诸路军马之职，叫他离开扬州，回绍兴府为母亲守丧。

贾似道虽然暂时逃过一劫，但专权太久，树敌过多，躲得了初一，也躲不过十五。贾似道回绍兴府时，福王赵与芮对他非常憎恨，闭门不肯接纳。朝廷便将他迁往婺州（今浙江金华）、建宁（今福建建瓯）居住，可还是因遭到当地官员强烈反对而作罢，已经没有地方安排他了。正好在此期间弹劾他的官员越来越多，谢太后便降旨将贾似道贬为高州团练副使，迁往循州（今广东龙川）安置。福王赵与芮便将山阴县尉郑虎臣任命为押送官，此人父亲曾被贾似道责罚过，两家本是世仇，显然赵与芮是想借郑虎臣之手置贾似道于死地。

郑虎臣对此也是心知肚明，一路上不断拿话敲打贾似道，想以此逼他自尽，可是贾似道的脸皮很厚，始终推说自己身为国家大臣，没有诏书不能轻易寻死。德祐元年（1275年）九月，他们来到漳州五里外的木棉庵，有人就劝郑虎臣把贾似道弄死，郑虎臣便发起牢骚，说道："便是这物事，受得这苦，欲死而不死。"然后又说："吾为天下杀似道，虽死何憾！"于是就在当晚将贾似道杀死，然后以病卒上报朝廷。

丁家洲战败之后，谢太后立即发出诏书，征召天下兵马入京勤王，可是各地将领都觉得南宋大势已去，不想回京陪葬，因此诏书发出之后，只得到张世杰、李庭芝、文天祥、李芾等寥寥几人的回应，其中鄂州守将张世杰已在贾似道获罪之前就赶了回来。

前文曾经说过，元军入侵之前，张世杰带着重兵把守鄂州，把各项防御工事都已备齐，准备跟元军拼死一战，谁知元军竟然不肯攻城，从鄂州背后绕出汉水而去，直接攻克鄂州，越过长江天堑。至此，张世杰再守鄂州也就失去了意义，所以他在接到勤王诏书之后，立即带兵南下，辗转千里来到临安。当时大多数将领都不肯回应勤王的号召，而张世杰的驻地既远，又要穿过元军占领区，他能够第一个回京，不由使宋

廷大为感动，马上就将他擢升为保康军承宣使、总都督府诸军，将抵御元军的希望寄托在他的身上。

伯颜进入建康府之后，不断遣兵出击，先后攻占了镇江、京口、江阴军、无锡、平江府、常州、广德军等地，很快就占领了屏蔽临安的江南东路和两浙西路的东北部地区，使临安的安全受到了严重的威胁，所以张世杰回京之后，宋廷急忙命他主动出击，争取解除眼前的危难之势。于是张世杰便派部将阎顺收复了广德军，谢洪永收复了平江府，刘师勇收复了常州，从元军手中夺回了部分失地。受此鼓舞之下，张世杰便在德祐元年（1275年）六月，与屯兵扬州的李庭芝约会，准备在镇江对元军发起一次大规模的进攻。

镇江是长江下游的一大重镇，是联系淮东与江南的枢纽城市，其重要地位仅次于建康府，当时元军已经攻占了所有的沿江重镇，江南宋军和两淮宋军因此失去了联络，宋军如果能收复镇江，就可以打开江南与两淮间的通道，防御形势就会有很大的改观。

德祐元年（1275年）七月初，张世杰与知泰州孙虎臣率战船一万艘于开封镇江，列阵于镇江城北的焦山之下。李庭芝为了配合这次行动，早在六月下旬就派都统姜才、副将张林领兵出瓜州，赶来与张世杰相会。宋廷也特地派殿帅张彦率兵经常州过来支援，准备三路齐发，在镇江打一场翻身仗。

镇江因为有着极其重要的战略地位，元军对这里也非常重视，因此在攻降这里之后，伯颜就命行院副使阿塔海、参政董文炳在这里建立起行枢密院，后来元军副帅阿术为了攻打扬州，又把指挥部设在了镇江之北的瓜州，使这里成为元军攻宋的一大战略基地。此战对于双方投入的具体兵力，并没有确切记录，不过南宋方面为了打赢这一仗，已经调集了所有能够调动的军队；而元军出战的队伍，仅为镇江当地驻军，可见宋军对此战的兵力投入，绝不在元军之下，并非没有获胜的可能。

然而战役刚刚开始，宋军方面就出现了重大问题，李庭芝派来增援的宋军，没等过江就被打了回去，根本就指望不上了，而殿帅张彦则赖在常州不走，干脆就没有出兵，这样真正出战的就只有张世杰这一支队伍了。

张世杰与陆秀夫、文天祥并称"宋末三杰"，忠肝义胆，名标千古，但本身并非良将，指挥才能稀松平常。他带兵入驻焦山之后，便传令将每十艘战船列为一队，用铁索相连，横亘于长江中流。这种排兵布阵法的优点在于能显出自己的必死之心，大约对提高士气有一定的帮助，而缺点就在于丧失了船队的机动性。决战前夕，阿术特地登上了长江南岸的石公山观测敌情，发现宋军船队密集连锁，挤得像一群金枪鱼似的，顿时大喜过望，随后就开始排兵布阵，命水军万户刘琛东趋夹滩（焦山东北），从后方对宋军发起攻击；命董文炳直抵焦山南麓，攻打宋军右翼；命招讨使刘国杰率部攻打宋军左翼；万户忽剌出从中路进攻；张弘范自上流而下，趋焦山之北；阿术本人居中调度。

七月二日，焦山之战正式打响，元军由四面八方攻来，顺风发射火箭。宋军船队连成了一片，遇火之后被烧得一塌糊涂，元军大将张弘范、董文炳、刘国杰等人又乘机猛攻宋阵，宋军战则不胜，想逃又不能，虽然拼死抵抗，但仍被元军杀得狼狈不堪。当天此战就以宋军的惨败而告终，临阵被杀者不可数计，张世杰带着残部逃往圌山（今江苏镇江东），就在逃跑的路上，还被元军抢走了海舟八十余艘，黄鹄、白鹞子小船七百余艘，此后无力再战。张世杰只得率部南逃，刘师勇则退还常州，孙虎臣退至真州，这场被宋廷寄予厚望的焦山之战就这样草草收场了。

其实南宋选择在此时对元军主动出击，时机选择得还真是很好，首先是因为元军渡江作战以来，虽然连战连捷，但随着作战时间日久，以及占领区的扩大，兵力也不可避免地出现了削弱和分散。再有就是在焦

山之战前，窝阔台汗国王海都又在西北方向上对蒙古发起进攻，搞得忽必烈非常头疼，便把南征主帅伯颜召回京城议事，这就使宋军少了一个强劲的对手。可惜即便在这种有利时机之下，宋军仍被元军一战击溃，可见两军的战斗素质差距实在是太大。

自元军渡江以来，南宋就已经命悬一线了，而在这之后，宋军又先后在丁家洲和焦山两次惨败在元军之手，"宋人自是不复能军"，两淮与江南之间的联系也被切断，南宋最后一丝起死回生的希望也就彻底断绝了。

第五章

干戈寥落四周星

正月十三日，文天祥接到朝廷的勤王诏书，命他『疾速起发勤王义士，前赴行在』。他捧读诏书，泪流满面。文天祥一向以身许国，如今国运垂危，岂能坐视。

国家已到了存亡最后关头，只要能抗战的，都是爱国者，现在最重要的是把每个人的能力激发出来，不要循规蹈矩了。文天祥主张，只要愿意抗敌，哪怕是盗贼、刑徒也可以吸收进来。在他这种破格用人政策的感召下，大批抗元志士迅速集中到他的麾下。

起兵勤王

宋恭帝德祐元年（1275年）正月初一，文天祥在赣州从谍报中得知了元兵渡过长江占领鄂州的消息。

正月十三日，文天祥接到朝廷的勤王诏书，命他"疾速起发勤王义士，前赴行在"。他捧读诏书，泪流满面。文天祥一向以身许国，如今国运垂危，岂能坐视！他想，自己虽是一介书生，不熟悉军事，但为国赴难，义不容辞。于是，他忠愤激发，立即行动起来。

正月十六日，文天祥传檄各路，痛斥吕文焕卖国之罪，希望有人出来作勤王军盟主，自己愿意率兵相从。因当时各地守将大多无抗元决心，一时无人响应。文天祥不能等待，只得上下东西拼命奔走，开始募兵筹粮。

文天祥树起招募勤王义军的大旗后，各地爱国志士纷纷起来响应。广东摧锋军统制方兴率千人自粤北前来参加勤王军，文天祥便"使陈继周发郡中豪杰并结溪峒蛮，使方兴召吉州兵"。

陈继周，字硕卿，宁都（今属江西）人。淳祐三年（1243年）贡士，以军功进入仕途。他有过二十八年当州、县官的实际经验，晚年家居赣州城内，非常熟悉本地情况。文天祥在起兵当天，就上门去向他请教。他为文天祥详尽地介绍了"闾里豪杰子弟与凡起兵之处"。文天祥把陈继周留在军幕。陈继周便和他的儿子太学生陈逢父昼夜参与筹划调度。后来，文天祥任他为江西安抚司准备调遣，他率领赣州义士跟随文天祥前去勤王。从外貌上看，陈继周虽似弱不胜衣，但他德高望重，勤王义士都把他视作父兄，听从他的话，谁也不甘落后。

所谓"溪峒蛮"，是指当时散居在闽、粤、赣及其毗邻的湘、浙等地的畲族、瑶族和苗族的部落武装。他们性格强悍，战斗力强，对元兵的南侵和杀掠也十分痛恨，这就使文天祥团结他们共同抗元有了可能。

在宋末上层统治者中，有很大一部分人，因害怕在抗元战争中失去生命财产，为了维护自己的既得利益，常常不顾人民死活，出卖国家利益，无耻地投降敌人，企图成为元朝的新贵。可是，在下层官民中，却有着为数众多的爱国志士。他们为了民族大义，往往能自觉地投入抗元斗争，甚至不惜牺牲生命。为此，文天祥常为那些屈居下位的人才而鸣不平，曾在《己未上皇帝书》中呼吁"破格以用人"。他认为："至如诸州之义甲，各有土豪；诸峒之壮丁，各有隅长。彼其人望，为一州长雄。其间盖有豪武特达之才，可以备总统之任，一日举之以为百校之长，则将帅由是选也。其颖异通敏者，引之于帷幄樽俎之密，又从而拔其尤者，委之以人民社稷之重，则人才不可胜用也。"他甚至主张，那些盗贼、判过刑的人，只要有胆有识，也可以吸收进来，抗击北寇。

国家已到了存亡最后关头，只要能抗战的，都是爱国者，现在最重要的是把每个人的能力激发出来，不要循规蹈矩了。如果宋朝早就这么做，哪至于有今天？文天祥的主张是正确的。在他这种破格用人政策的感召下，大批抗元志士迅速集中到他的麾下。

当时，文璧正任制置两浙主管官告院。文天祥在赣州建立勤王军帅府后，即上奏朝廷请求以文璧为助手。朝廷差文璧为勤王军主管书写机宜文字。

文天祥招募勤王义军，由于各方响应，很快就聚集了上万人。他决心舍命救国，在自己的战袍上绣了"拼命文天祥"五字。宋廷闻此消息，为了加重文天祥的责任，便于二月二十五日任他为右文殿修撰、枢密副都承旨、江西安抚副使兼知赣州。不久，又命他兼江西提刑，并晋升为集英殿修撰、江西安抚使，催他赶快提兵入卫京师。枢密院是国家最高军事机关，副都承旨是枢密使的属官，而安抚使又是一路的统帅，文天祥有了这些官衔，就能更加名正言顺地带领军队。于是，他便号召所部，扩大募兵。

这天，文天祥来到家中，和母亲、兄弟商量之后，把家产清理了一下，然后邀请当地父老乡亲的代表到他家客厅里，他先为大家敬酒，然后诚恳地说："各位父老乡亲，如今元军已打过长江，大宋江山危在旦夕。我决定起兵勤王，为解决义军的粮饷，现将全部家产变卖。你们有能力买的就买，没有能力买的，就请作个中人。"

说着文天祥拿出一个匣子，把它打开，对大家说："这些是田契、房契，还有家母和内人的首饰……值多少钱，各位说一下，我今天要把它们全卖了。"

在座的父老乡亲听了文天祥这番话，十分感动，一位长者说："文大人真是爱国爱民，此举实在令人钦佩。抗元救国人人有责，我不买文大人的家产，但我愿捐献钱财，作为军饷。"

一些人也纷纷响应，愿意捐钱捐物。

最后大伙一共拿出了两万两银子和一千石稻谷，献给义军，而文天祥的房契、地契以及首饰暂时寄存在乡亲手里。

文天祥很感激，向大家致敬，并且说："感谢各位父老乡亲，我文天祥一定不辜负各位的期望，依靠百姓，抗元救国！"

乡亲们说道："文大人放心去吧！多几个像文大人您这样的官儿，大宋肯定不会亡！"

文天祥献出家产，而且是全部家产，他的举动具有极强的号召力，没有多少天，各地人士纷纷捐钱捐粮，很快凑足了义军急需的粮饷，又一个难题解决了。

文天祥在江西组织了几万义军勤王，有的好心朋友劝告他："如今元军如狼似虎，正分三路向南挺进，攻破郊县，迫近内地，势不可挡，你率

文天祥文集

领几万乌合之众前去迎战，这跟驱使一群人与猛虎搏斗有什么两样呢？"

文天祥坚定地说："我也知道你说得很有道理。但国家养育臣民三百多年，现在遇到危难，要征召天下兵马，居然没有一兵一马捍卫响应的，对此我实在是深恶痛绝。所以才自不量力，以身许国，以此来希望天下的忠臣义士闻风响应，保卫朝廷。正义在手才能确定谋略，人多力众才可以获得成功，只有这样国家社稷才有可能保全啊！"

 奸相作梗

四月初一，文天祥用老将王辅佐为都统，领兵从赣州前往吉州。朝廷加任文天祥为权兵部侍郎，其他职任依旧。不久，王辅佐死，以广东统制方兴替代其职。文天祥又在吉州会合诸郡民丁，结成大屯，准备入卫临安。

谁知事有不巧，五月间文天祥的祖母刘氏在赣州去世。文天祥只得先请文璧陪同母亲护柩回富川老家，然后按照当时礼制，上书请求解官守孝。六月十五日，文天祥刚安葬了祖母，就接到朝廷起复的诏令，命他率部留屯隆兴府，经略九江。他多次上书，请求等守丧期满再复官，朝廷不许，仍催促他移军隆兴，说"留屯隆兴，非但为隆兴守御计，异时随机用事，其为效与勤王等"。在六月以前，朝廷曾多次急如星火地催文天祥入卫临安，为何事情突然发生变化？这使文天祥感到非常意外。要弄清其中真正的原因，还得从朝廷内部抗战派与投降派之间的斗争说起。

原来自从三月初王爚、陈宜中分别担任左、右丞相以来，两人论事多不相合，乃至产生了尖锐的矛盾。王爚是南宋元老大臣，为人"清修刚劲"。他认为今天国家的局势坏到这种程度，是因为有些臣子私欲塞心，而又赏罚不明。他主张只有赏罚分明，才能使人心兴起。升文天祥官职，催他领兵入卫，正是王爚的主意。而陈宜中却百般阻止。

王爚反对贾似道，曾指责其误国丧师；而陈宜中是个政治投机家，为了跟王爚争权夺利，竟把斗争的矛头指向了文天祥，不但不准他进京，反倒对他横加指责，说文天祥的言行狂妄，与儿戏无异，让他率领队伍在隆兴府（今江西南昌）待命。

文天祥接到朝旨之后愤怒无比，立刻上书申诉，声称自己招纳的勤王兵都是由义民组成，并非是国家的正规武装，这些人之所以赶来投军，完全是基于一腔爱国热情，如果朝廷迟迟不允许他们为国作战，等这股热情消失之后，又有谁肯为国家上阵杀敌？与此同时，朝野上下一些正直人士也纷纷上书，为文天祥鸣冤叫屈，揭露陈宜中嫉贤妒能的丑恶嘴脸。可是谢太后对陈宜中十分迷信，对其一味偏袒，不久之后，就连王爚也被免职，文天祥进京勤王的事情竟然没有下文了。

直到当年七月，张世杰又在焦山大败一场，这样南宋的形势愈加吃紧，朝廷只好传旨召文天祥入京，文天祥这才得以率领勤王兵从吉州开拔，并于八月中旬到达临安。谁知这时竟然又出现新的情况，文天祥到达之后，朝廷竟然不让他拱卫京师，反而派他去守卫平江府（今江苏苏州），这自然又是陈宜中等人的阴谋。文天祥千里迢迢从家乡赶来，是为了入京勤王的，可连板凳都没有坐热，就被打发到平江，自然令他大为不满。文天祥不愿从命，便与朝中大臣们反复交涉，朝廷还专门为此举行了三省堪会，但结果仍然是要他出守平江。

这一决定，将文天祥深深激怒，使他大发书生意气，无论谁来劝说，文天祥就是不肯赴任。这种态度要是放在平时，一顶抗旨不遵的大帽子肯定要马上扣下来，不过当时国势危难，文天祥手里还有几万人马，朝廷也不敢过于得罪他，只好不断给文天祥加官晋爵，想把他哄走。但文天祥又始终不肯成行，双方就顶起牛来了，直到当年的十月，谢太后把陈宜中拜为右相，并将另一个奸臣留梦炎拜为左相。而陈宜中为了能与元朝达成议和，竟然怂恿谢太后追封已故的吕文德为和义郡王，将其子吕师孟升为兵部尚书，目的仅仅是想让已经投降元朝的吕文焕在议和之中出把力气。

前方将士浴血奋战，尚且难得一官半职，而吕家人竟然能因为族里出了一个大叛徒而一步登天，文天祥对此无比激愤，觉得实在是没法再留在临安了，这才带着队伍开赴平江府。

血战常州

就在文天祥上书、与投降派斗争的时候，常州告急的文书雪片似的纷纷传来，常州如果丢失，平江就难守，临安也将受到威胁。

围攻常州的元军统帅伯颜，不惜一切代价要攻下常州。而守卫常州的姚知府和全城百姓则决心与常州共存亡。

伯颜见常州城防巩固，就令部下驱使郊外百姓在城墙外筑起一座土垒，借以攻城。

百姓不分男女老少都被元军拉去筑土垒，在皮鞭和刀枪的逼迫下，夜以继日地干着，累得死去活来。许多人正干着活就倒下去了，元军根本不顾倒下的百姓是死是活，把人和泥土一起堆在土垒上。真是残酷到了极点！

土垒距常州城墙很近，守城的宋军只要一放箭，便可阻止土垒的修建，但修土垒的都是自己的父老乡亲，他们怎忍心下手啊。

土垒修好了，元军借助它发起了进攻，姚知府带领守城的宋军一次又一次打退了攻城的元军，土垒没能发挥多大作用。

后来，伯颜调来了火炮。元军在北方抓了大批汉族工匠，为他们研制新式武器，经过几十年的努力，他们的武器装备和技术在许多方面已超过了南宋。"轰"的几声巨响，火炮把城墙炸开了几个缺口，元军借着浓烟冲进去。守城的宋军及百姓，在姚知府的带领下，迎敌而上，展开血战，将元军硬压下去，又堵住了城墙缺口。

常州军民正在同元军浴血奋战，急待援兵到来。朝廷却迟迟不肯发兵，最后只派了个叫张全的带领两千淮兵前去救援。张全既是贪生怕死之辈，又无将帅之才，赶到常州，也只是杯水车薪，无济于事。

此时文天祥领兵刚到平江，便立即召集诸将领商议对策。文天祥分析道："朝廷令咱们守平江府，但我们不能坐等元军到来。现在常州危急，如果不去援助，他们占了常州，马上就会向平江攻来，平江也就难保了。平江一旦失守，通向临安的大门就打开了。因此，当务之急就是援救常州！"

一经分析，部下争先恐后要求带兵前往，文天祥考虑平江也要留兵驻守，于是决定由尹玉、朱华、麻士龙三位将军率领三千人马协助张全援救常州，其余人马随后接应。

尹玉等三位将军领兵向常州城开去，与张全的部队会师。文天祥以为张全是久经沙场的战将，同时又从大局出发，让义军将领听从张全指挥。哪知张全不仅徒有虚名，而且又是个极端自私阴险的家伙。

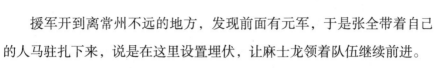

援军开到离常州不远的地方，发现前面有元军，于是张全带着自己的人马驻扎下来，说是在这里设置埋伏，让麻士龙领着队伍继续前进。

麻士龙率部下没走多远，便与元军相遇了。伯颜的骑兵像狂风暴雨般向义军袭来，麻士龙立刻领兵迎了上去，两军相接，一场混战。这是文天祥的义军第一次和元军交锋，将士们奋勇当先，一往无前。尽管元军人数众多，力量大大超过义军，可是义军战士们没有一个畏惧，没有一个退缩。

麻士龙大声呼喊着，挥刀向元兵砍去，他一面指挥作战，一面派人向张全报告，请求支援。

没有想到，张全这个卑鄙小人，只想保存自己力量，竟然坐视不救，没有派出一兵一卒。

元军的进攻一次次被麻士龙率领的部队击退，元兵尸体遍布山野。但是，由于寡不敌众，义军被包围了。麻士龙带领部下左冲右突，还是难以突出重围，损失十分严重。

战斗又进行了一个多时辰，张全仍不肯发兵，最后麻士龙也英勇牺牲，这支义军队伍无一人生还。

张全这个胆小鬼，埋伏在远远的地方，目睹战斗情景，吓得惊慌失措，急忙集合起队伍，向后撤去，一直撤到了常州东南的五木。

五木是文天祥所派将领朱华率兵驻扎的地方，大运河从这里经过，朱华带领他的广东兵驻在河西岸，张全率兵后撤，驻在河的东岸。为准备打退元军进攻，朱华提出修筑工事，挖战壕，设障碍，而张全坚决不同意，他受朝廷投降派指使，前来的目的并不是真的援救常州，而只是做个样子。

元军尾随张全而来，就要攻打五木了，首先遭到攻击的是朱华的阵地，由于阵地上没有工事，防守起来很困难。朱华手下的广东兵却非常英勇，他们奋不顾身，敢打敢拼，从早上一直到午后，足足打了四个时辰，元军仍没攻下朱华的阵地。

这时，张全却在河对面隔岸观火，他不仅不指挥军队渡河支持朱华，甚至还命令部队不准向对岸的元军射箭。

四个时辰过去了，朱华有些抵挡不住了，在西岸喊道："张将军快率兵渡河，前来援救！我这里形势危险，尹将军也遭敌人阻截。"

而张全却在河对面无耻地答道："元军势力太大，我们不能以卵击石！我这里从水上退却，你也赶紧从陆上逃吧！"

"尹将军那边怎么办？"朱华急声问。

"休要管那么多了，咱们谁也顾不了谁，各走各的吧！"

朱华听后，怒火万丈，隔河将张全痛骂一顿，然后翻身上马，又指挥部队迎战元军。又战了些时候，人困马乏，又无援军，敌人进攻的势头越来越猛，朱华部下死伤很多，渐渐支持不住了。

"撤！渡过河去。"为保存剩余力量，朱华不得已下令撤退。

朱华的队伍边打边退，有的涉水过河，有的在岸边掩护。这时张全的兵船还有一部分在运河里没撤完，朱华军中的受伤者和体弱者，见是自家的船，便想攀上去，一起撤走。而黑心的张全却给船上部队下了一道命令："凡是有攀船的，一律把他们的手指砍下来！"

一时间，船边血指横飞，义军中的许多人惨遭伤害，淹死在运河里。

张全逃走了，向他的主子报"功"去了。朱华率领的部队伤亡严重，支持不住，向东退去。

再说义军将领尹玉，这时正率领赣军五百人，在五木的小山后，被元军缠住，无法向朱华靠拢。伯颜率军击败了麻士龙和朱华之后，便率领大队人马绕过小山头向尹玉扑去。傍晚时分，元军以优势兵力将他们包围。

在强大的元军面前，尹玉及其部下毫不畏惧。他们占领有利地形，拉满弓，搭上箭，只等元军一靠近，便万箭齐放，吓得元军不敢靠近，就这样坚持了很久。

天渐渐黑了，元军越来越多，包围圈越来越小，尹玉部队箭矢已尽，五百名士兵剩下不足三百人，尹玉也负了伤。但是，他们仍不退缩，坚持战斗。元军又进攻了。尹玉身先士卒，挥刀冲在前面，砍死一个又一个元兵。这时，他身负重伤，把七星剑交给部下说："我的伤势太重，你们想法突围吧，见了文大人就把这把宝剑交给他，说我没给义军丢脸，让他赶快再派兵援救常州。"部下流着泪劝他撤离，尹玉坚决不肯，继续战斗。他的胸前连中数箭，仍未倒下，又挥刀砍死数名元兵。只见他浑身流血，怒目圆睁，立在那里，元兵为他的精神所震慑，没有人敢靠近。

最后，尹玉倒在了血泊里。

在群龙无首的情况下，尹玉的士兵仍旧和元军又打了一整夜，箭用光了，就用石头砸，刀枪断了，就用拳头、牙齿和元兵拼。就这样，前赴后继，浴血奋战，没有一个人投降，五百人的队伍，除四人突围脱险外，全部壮烈牺牲。

文天祥在平江听到这一消息，悲愤交加。

"尹将军等人为国献身，真令人敬佩，没想到张全竟是这等卑鄙的小人！刘沐，传我的令，除留守的部队外，其余人马立刻随我前往常州，我要亲自为尹将军等人报仇！"文天祥发出了无可动摇的命令。

"是！"刘沐领命。

这时，朝廷派使者带来命令，要文天祥放弃平江，移守独松关。

常州就要失守了，而平江是战略要地，怎能不战而让呢？文天祥做梦也没想到朝廷会做出如此糊涂的决策，他很清楚，这完全是陈宜中和留梦炎搞的鬼。

怒火化诗句，悲愤作檄文，文天祥大声吟着刚写完的一首新诗：

山河千里在，烟火一家无。

壮甚睢阳守，冤哉马邑屠！

苍天如可问，赤子果何辜？

唇齿提封旧，抚膺三叹吁。

状元宰相

由于临安三面受围，形势十分危急，朝廷急令文天祥放弃平江、坚守临安。

文天祥一撤离平江，常州、平江、余杭相继失守。到这时文天祥明白要抵御住元军的进犯，就先要同朝廷中的投降派做斗争。必须抓住最后时机，与元军血战才能挽救危局。

这些天来，文天祥一直回忆着从出仕到奉命回到临安的往事。他想：自己是大丈夫，就不能苟且偷生，要力挽狂澜，建树千古不朽的功业！

临安危在旦夕，必须尽快找人商议对策。于是文天祥到六和塔下的军营中，找张世杰商议。张世杰也是主战派的领袖，他和文天祥同时响应勤王的诏令，组织义军在江苏和元军交战，元军也深知张世杰的厉害。

文天祥说："现在形势紧张，但分析起来，北边还有许多地方没有被元军控制，比如淮东一带仍有宋军在坚守阵地，福建、两广都在我们手里，没有后顾之忧，京城里勤王兵马就有三四万人，再加上城外的人就更多了，我们是有抵抗力量的。"

"说得对，"张世杰表示赞成，"我们就在临安同伯颜决一死战，只要在这儿挡住元军，北边淮东的宋军切断他们的后路，福建、两广的军民再支援我们，整个战局就会转变。"

"那我们联名上书朝廷，建议他们采纳我们的意见！"文天祥接着说。

张世杰同意了，他们立刻写好奏折，送到宫中，然后各自返回驻地耐心等着。

结果让他们失望的是，朝廷里的投降派生怕这样做会惹恼元军，将来不好求和，因此不肯采纳。但又说不出拒绝的理由，于是右丞相陈宜中这个投降派，就让太皇太后下诏，说什么此事要慎重，以此搪塞过去。

就在"战"与"和"两种意见争论之时，左丞相留梦炎看到大局日颓，为保住性命，官也不要，偷偷逃跑了。

右丞相陈宜中与太皇太后则忙着准备投降。他们派出一批批使者去见伯颜，先求伯颜退兵，不行，就表示愿意"称侄纳币"，也就是把两国的关系当成叔叔和侄子的关系一样，而且年年向那个"叔叔国"交钱献物，伯颜仍不同意，他们就要求称侄孙，伯颜还不同意……总之，伯颜一心要灭亡南宋。

德祐二年（1276年），文天祥临危受命任签书枢密院事，开始进入军国大事的决策机构。他利用这一机会，又找陈宜中商议。

"我建议把三宫（太皇太后、太后、皇帝）迁走，让福王、沂王分别驻在福建、广东。这样，我就可以在临安与元军决战，而且即使临安失守了，日后也能继续同元军周旋。"

文天祥的主张非常有远见，可是陈宜中和太皇太后一心想着投降，当然不肯采纳。

朝廷中乱作一团，太皇太后宣布吴坚为左丞相时，大殿里上朝的文官只有六人。投降派所关心的只是如何讨得伯颜的欢心，当使者回来说伯颜不肯接受称侄、称侄孙的条件时，他们不知所措了。太皇太后吓得直发抖，不等别人说话，就想派人去向伯颜"奉表称臣"，实际就是彻

文天祥雕像

底投降。陈宜中也感到有些难堪，迟疑了一下。太皇太后马上痛哭流涕地说："如果能保存宗庙社稷，就是称臣也没有什么关系。"

接着朝廷便派人去伯颜大营"奉表称臣"，而且答应每年进献银子二十五万两，绢二十五万匹，想借此保存住小朝廷。然而伯颜得寸进尺，坚持一定要把军队开到京城，而且一定要南宋丞相前来请降，并且要献上传国玉玺。

对于"奉表称臣"的做法，文天祥不能容忍，就在太皇太后进称臣表的同时，他针锋相对地提出反对意见："现在应该任命福王、沂王为临安知府，我担任副职，负责保卫京城。这样，军民见福王、沂王留在京师，就会有信心，有希望，誓死守卫保住京城。"

这个意见太皇太后怎么能听得进去呢！文天祥只好又去找张世杰。

"现在京师的军队和能动员起来参战的百姓有二十万人，我们以战为守，背城决一死战，或许还有希望。"文天祥提出自己的看法。

张世杰早已看出朝廷没有作战决心，就对文天祥说："你还是回江西据守，我到两淮活动，以后再争取机会反击吧……"

文天祥从张世杰那里回来，失望、忧虑，阴云笼罩在心头，一连几天愁眉不展。

正月十三日早上，有人报告文天祥：杜浒带了四千人前来求见。

杜浒是天台人，他叔叔曾做过丞相，他本人当过县令，很有侠义之气。一见文天祥，他便说："文大人抗元救国的名声，早已传遍各地，我这次别人不找，专门找您，就是为了投奔真正抗元的人。我见临安危急，便召集了四千义兵，他们都是决心抗元的志士，现在到您这里，就听您指挥，誓死也要保卫大宋江山！"

文天祥听了这话心中又燃起了希望之火，不仅仅是得了一支四千人的军队，更重要的是，他知道了人民的心愿，从而更加坚定了他抗元救国的决心。

杜浒从此跟随文天祥抗元，同生死，共患难，并肩战斗，既是得力助手，又是好朋友。

正月十八日，伯颜率兵进至皋亭山，离临安城只有三十里了。文天祥再次向朝廷请求，要三宫撤走，自己率众军民背城一战。陈宜中等人执意不肯。

太皇太后这时已把国玺送给伯颜，伯颜要求南宋派陈宜中前来谈投降之事，太皇太后于是让他立刻就去。陈宜中一心想求和投降，但又不想充当罪魁祸首，于是，就在十八日晚上，步留梦炎的后尘，也偷偷逃跑了，做了南宋第二个逃跑的丞相。

朝廷不能没有右丞相。十九日，南宋朝廷任命文天祥为右丞相兼枢密使，统率诸路军马。从此，人们便称他为文丞相。

文天祥本来在家乡过着优游的生活，为了挽救国家危亡才抛家舍业，从此可谓"身世浮沉雨打萍"。在饱经磨难之后，终于从一介书生成为当朝宰相，这与其说是荣耀，不如说是挑战，是牺牲。从此，他与安逸舒适的生活无缘了。

第六章

不指南方不肯休

文天祥出使元营，被伯颜扣押。行至镇江，设法逃脱，辗转南归，沿途险象环生。到福安后，把他从德祐二年（1276年）正月领兵赴阙和出使元营以来所写的诗，加上他到福建后新作的诗，编成了《指南录》四卷，并写了《后序》。

人们常以『九死一生』来形容屡遭艰险，而文天祥却有十八次死里逃生的经历。是什么在支撑他？原因正是他把拯救国难、复兴宋朝作为自己义不容辞的责任。

怒斥元酋

朝廷此时任命文天祥为右丞相，是想让他出来收拾这个残局，并代替陈宜中去元营接洽投降的事项。

而文天祥则自有他的考虑，十九日，文天祥亲眼见到，临安城外元军的铁骑驰骋，一支元军已驻扎在城郊的椹木教场，宋朝的许多兵将纷纷前往那里投降，而朝廷已无法制止。城中百姓人心惶惶，不知所措，朝廷里一派混乱，简直是国已不国了。而文天祥的主要兵力又在富阳，来不及调回。如果再不想办法，就来不及了。他同意当右丞相，就是想利用这个职务，为挽救败局再努力一番。

朝廷要他出使元营，朝中的大小官吏也都恳求文天祥前去，以保住他们的性命。

文天祥在国事危急的紧要关头，同意出使元营。他认为：第一，国事至此，不能顾惜自己的生命；第二，伯颜总得讲道理，自己可以用语言打动他，也许能取得讲和退兵的结果；第三，也可以借机窥探元军的虚实，归来好研究对付的策略。

他还提出，自己辞去右丞相不拜，以端明殿学士的身份前往，以此表明自己没有议和、议降的权力，不是去谈投降事宜的。

跟随文天祥身边的杜浒坚决反对文天祥出使元营，他说："伯颜什么事都能干出来，文大人此去，他们是不会让你脱身的；再说，文大人离开了临安，朝廷也就失去了主心骨，谁还能支撑这个局面？"

然而，文天祥没有听这样的劝告，朝廷的其他人更不听杜浒的意见。二十日，太皇太后命文天祥和左丞相吴坚、同知枢密谢堂、安抚贾余庆、中贵官邓惟善出使元营。文天祥大步走出朝门，他想，在这些人里，敢同伯颜进行斗争的也就是他了，自己肩负着重担，不能怕威胁，也不能受利诱，一定不辱使命。

然而，文天祥错误地估计了元人，将他们看得太简单了。元、宋交战多年，现在元兵已在京城门口，怎么会有说服他们退兵的可能呢？以往出使元营的人没有被扣留过，那是出使的人没有把对方惹怒，而文天祥慷慨陈词，触怒伯颜，他们怎肯放他回去，又怎能让他窥探虚实呢？他自己不把自己当成右丞相，而元朝朝廷、伯颜则不这样看。

这种深入虎穴，勇于自我牺牲的精神是难能可贵的，而此举脱离实际，实属下策，以致后来连他自己也后悔莫及。

文天祥及其随行的人来到设在皋亭山明因寺的伯颜大营前，尽管元营前站满兵将，布满了刀枪，杀气腾腾，十分森严，他却翻身下马，昂头挺胸，旁若无人地走进了元营。伯颜骄横而傲慢地坐在大营正中的虎皮交椅上，卫士手持刀枪站立两厢，威风凛凛。

"下跪！"两旁的卫士吆喝道。

文天祥面不改色，从容不迫地作了个揖，然后立在那里。

"为何不下跪？"伯颜问。

"我身为大宋使臣，哪有向你下跪的道理！"文天祥据理而答。

伯颜一听，深知此人非同一般，便让人搬来椅子，叫文天祥坐下。

"丞相前来是谈投降的事吗？"伯颜单刀直入，先发制人。

"投降是前丞相一手操办的，我一概不知。现在太皇太后派我做丞相，我没敢拜，先来军前商量两国关系的大事。"文天祥胸有成竹，绝对不承认是来谈投降的，只是说前来商量。

"商量大事，也很好嘛！"伯颜一时摸不着头脑，随口答道。

接着，文天祥就反问伯颜："本朝承帝王正统，乃衣冠礼乐之所在，北朝究竟是想把它作为国家来对待呢，还是想毁了它的社稷呢？"

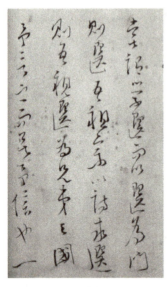

文天祥真迹

这是个非常尖锐的问题。因为宋朝历来是正统，忽必烈下令攻宋，发布的诏书只以贾似道扣留使者为口实，并没有说要灭亡宋朝。文天祥抓住这点，要伯颜答复。

伯颜为难了，只好含糊其词道："我们皇上的诏书说得明白：社稷必不动，百姓必不杀。"

文天祥听了这话，便以子之矛攻子之盾，进一步提出要求："你们先后几次和本朝订约，但都背信弃义。现在你既然说'社稷必不动，百姓必不杀'，也就是说愿意友好和谈，那就请把军队退到平江或嘉兴，再把咱们谈的情况上奏北朝皇帝，等诏令下来，再继续商议。"

文天祥心想，现在大兵压境，只有坚持元军先撤，才能出现缓和的局面，采取对策。

伯颜知道这是文天祥设的缓兵之计，但又没有理由发火，只得辩解说："这恐怕不好办吧。"

"那么说，你们大兵围住临安，想干什么？不就是想灭了宋朝吗？"

"这个……"伯颜有些不好回答了，但仍用傲慢的眼神看着文天祥，似乎是在威胁：我们就是要灭了你们！

文天祥毫不示弱，声调越来越高："依我看，退兵讲和，乃是上策，不然打下去对你们也没有好处。现在，淮东、淮西仍在我们手里，两浙、闽广还有更多的土地，百姓誓与元军战斗到底，你们肯定不能打赢！"

"哈哈……"伯颜冷笑道，"你们南朝的文臣武将，投降的太多了……"

"贾似道、吕文焕这样的败类是有，但英雄豪杰，忠义之士，不可胜数！比如常州一战，你亲自出马，不也是损兵折将，头破血流吗？"

文天祥的强硬态度使伯颜感到惊讶，他从来没见过敢于顶撞元军统帅的南宋使节，但也不相信文天祥真的不屈服，于是就声色俱厉地恐吓道："大胆！竟敢侮辱本帅。来人啊，把他拉出去砍了！"

文天祥听了，毫不畏惧，冷笑道："我是大宋子民，只欠一死报国，刀锯油炸，我都不怕！"

伯颜听了这话，一时不知所措，心下暗暗佩服。大帐里，伯颜身边的元将，见文天祥的态度这样坚定和凛然难犯，都非常惊奇和钦佩。而与文天祥同去的吴坚等人，早已吓得面如土色。

伯颜想，再和文天祥谈下去也不会有好结果，就对他们说："现在，我派宋朝降将程鹏飞陪同吴坚等人返回临安，去见太皇太后，亲自听听宋朝朝廷的意见。文丞相今晚暂时留在这儿安歇。等他们回来，咱们再来商议。商量好了，你即可回去。"

这是伯颜想出的一条毒计，他了解南宋朝廷情况，吴坚等人回去，必然会加紧投降活动，太皇太后除了投降，没有别的主意。扣着文天祥不放回朝，是因为他怕文天祥回去反对投降，很有可能再率领义军起来抵抗。

文天祥看出他的用意，厉声质问："我为商议宋元双方大事而来，现在他们几位回去，为何扣留我？"

伯颜装出笑脸，温和地说："你是宋朝大臣，责任重大，今天说的这些事，咱们要再好好地商量，就暂且留下来吧！"

他不容文天祥申辩，就派手下人把文天祥带走软禁起来了。

一夜之间，形势发生了巨大变化。吴坚等几位使者返回临安，朝廷中从太皇太后到各位大臣，都认为战、守、走均已不可能，只有投降，于是准备好了正式降表。贾余庆这时窃取了文天祥右丞相的职位，准备与元朝签订投降协议。

不指南方不肯休

二十一日，吴坚、贾余庆等人带着降表来到元营，同来的还有吕师孟等。他们向伯颜递了降表，南宋正式投降了。

伯颜接受了降表后，请文天祥进帐。这时，仪式已然结束，伯颜正准备打发贾余庆等人离去，仍扣着文天祥不放。文天祥见此情景，怒火万丈，他想回去当面质问太皇太后，已经不可能了，便指着贾余庆破口大骂，骂他卖国求荣，骂他认贼作父："贾余庆你想一想，大宋没有亏待你，而你却引狼入室，奉献国土，将来你怎么有脸见先帝于地下……"

骂完贾余庆，又骂伯颜不守信用："卑鄙无耻的小人，言而无信，靠欺诈手段得了临安，大宋人饶不了你们……"

伯颜见文天祥这样，也没办法，就让原先在襄阳投降元军的吕文焕以及这次前来的吕师孟叔侄二人去劝文天祥。

吕文焕上前说："文丞相息怒，忍耐两天，伯颜就会让你回去了。"

文天祥一见吕文焕，十分厌恶，心想，这样一个不知羞耻的家伙，居然也来劝我！于是大骂道："你这叛贼，还有脸来跟我说话，快快滚开！"

吕文焕又羞又恼，仍厚着脸皮问："丞相何故骂文焕是叛贼？"

文天祥厉声说道："国家不幸，到了这种地步，你就是罪魁，身为大将，却以城投敌，不是叛贼又是什么？三岁孩童都在骂你，何况我呢！"

吕文焕脸上火辣辣的，但他极力为自己开脱："我守襄阳六年，粮尽援绝，朝廷不发一兵一卒，怎么能怪我？"

文天祥义正词严地指出："力穷援绝，就应该以死报国。你贪生怕死，爱子惜妻，投降元军，既辜负了国恩，也败坏了自己的声誉！现在你们这一族人都成了叛逆，千秋万世之后，也要受人唾骂！"

吕文焕被说得哑口无言，耷拉着脑袋不吭声了。

吕文焕的侄子吕师孟也是个投降派人物，这次随使者入元营，决心来做奴才，还自以为得计，见文天祥这样骂自己叔叔，又听文天祥说他们一族人都是叛逆，就气冲冲地走上前，用无赖的口吻说："文丞相不是曾经上疏要杀我吕师孟吗？朝廷并没有要杀我们呀！"他的意思是朝廷也没把他们当叛徒看。

"你叔侄都投降北朝，没有把你们全族斩首问罪，是本朝人用刑失当。而你还有脸到朝廷去做兵部尚书！我深恨当时没能杀了你们叔侄。现在你们要杀我，正是成全我做大宋的忠臣，是我求之不得的呢！请杀吧！"

一席话说得吕师孟张口结舌，文天祥的英雄气概，使他们叔侄两个惶恐不安，也使在场元军将领无不钦佩。他们禀告了伯颜，伯颜吐着舌头称赞道："文丞相心直口快，真是一个大丈夫！"

囚禁文天祥的驿馆门口层层设防，连围墙外也有暗哨把守。文天祥失去了自由。

屋内，临窗处有一张桌子，桌上备有文房四宝，靠东墙铺有三张床，一张是文天祥睡的，另外两张是伯颜派来监视文天祥的元朝官员唆都和忙古歹睡的。

唆都和忙古歹除了对他监视，还有另一重任务，那就是做说客。几天来，这两个说客费了许多口舌，收效却太微小了，这使得他们感到狼狈与尴尬。

文天祥不愿理睬他们，终日只是写诗练字；唆都和忙古歹闲得无聊，经常外出散心。

这天，屋里只剩下文天祥一人，他面对素笺，想起战国时齐国的孟尝君在出使秦国时被拘，当他设法逃出虎口到达秦国的边境函谷关时，天还没亮，按照当时的边关规定，必须等鸡叫才可放人出关，孟尝君回国心切，他想了想，尖着嗓子学起了鸡叫，他这一叫，远近的鸡都跟着叫了，于是，边关放行，孟尝君脱险！

文天祥想，倘若自己也能像孟尝君那样逃出虎口，回到临安，那就能继续抗元、为国家效力了。想到此，文天祥腹中诗潮滚滚，当即挥笔写道：

眼看铜驼燕雀羞，东风花柳自皇州。

白云万里易成梦，明月一间都是愁。

男子铁心无地着，故人血泪向天流。

鸡鸣曾脱函谷关，还有当年此客不？

羁押北上

正月二十三日，伯颜进驻湖州（今浙江吴兴）城内，派千户囊加歹、省掾王桔将宋朝皇帝的传国玉玺送往元廷。

正月二十四日，伯颜大张旗鼓，率左右翼万户，大摇大摆地巡视临安城，并观潮于钱塘江，又登狮子峰，南宋宗室大臣依次来见。直至傍晚，伯颜才回湖州城内。

正月二十五日，元朝万户张弘范、郎中孟祺同程鹏飞带着所换宋帝称臣降表及赵显、谢道清谕南宋未降州郡手诏回到元营。

同日，伯颜因感到驻在临安近郊的文天祥勤王军对他是个严重威胁，便派镇抚唐古歹、宋官赵兴祖等解散文天祥所募勤王兵两万余人，并发给文书，令他们各归乡里。但是，勤王军的义士们不甘心就此放下武器，他们大部分回到江西进行零星的斗争，一部分由方兴、朱华、邹源、张汴率领，由浙南进入福建，前去追随益王、广王，以便继续抗元。

文天祥得知勤王义军被解散，这对他是个很大的打击，使他伤心得痛哭流涕。他非常后悔，深感自己不该来元营谈判。他说："予自高（皋）亭山为北所留，深悔一出之误。闻故人刘小村（刘沐）、陈蒲塘（陈继周）引兵而南，流涕不自甘。"

然而文天祥并不绝望。他在《思蒲塘》诗中说："南国应无恙，中兴事会长。"他以为闽、粤尚未沦陷，宋朝复国中兴仍有希望。他还在《思方将军》诗中说："如虎如熊今固在，将军何处上金台？"他相信勤王军的义士们仍有为国立功的机会。

文天祥被拘元营后，唆都派他的属官信世昌来充当馆伴。信世昌，字云父，东平府（今属山东）人，曾任元朝太常丞，是个北方的儒士。文天祥觉得这个人知古今、识道理，可与对话。信士昌原是北宋灭亡后的北方遗民，对宋朝仍怀有感情。他很理解文天祥是想为民请命和保存宋朝社稷而来元营的。他作诗赠文天祥，"宗庙有灵贤相出，黔黎无害大皇明"，以为"大宋衣冠正宗"，元朝必不敢无礼于宋朝社稷。可是，几天来的经历，使文天祥心里明白元朝是决不会保存宋朝社稷的，"云父念本朝，亦愿望之辞"。信世昌喜欢写诗，曾向文天祥请教诗法。文天祥告诉他："比兴悠长，意在言外。"信世昌立即领悟，并写了一首绝句："东风吹落花，残英犹恋枝。莫怨东风恶，花有再开时。"此诗隐喻文天祥"不忘王室，而王室必将中兴"。文天祥认为信世昌有齐鲁孔孟之遗风，是个值得交往的人。从信世昌身上可以看出，在北方沦陷区的汉人之中，爱国之士大有人在。文天祥感到那些宋朝叛臣远不如信世昌，因而写诗叹道："东鲁遗黎老子孙，南方心事北方身。几多江左腰金客，便把君王作路人。"

宋廷已经降元，文天祥的勤王军也被遣散，伯颜以为文天祥抗元失去了凭借，而他又十分钦佩文天祥忠义爱国的男子汉大丈夫气概，如果文天祥能为元朝所用，对收拾两淮和江南残局非常有利，因此他决定诱

降文天祥。但伯颜知道文天祥凛然不可侵犯，不敢亲自去劝，就先派唆都前去试探。

有一天，唆都对文天祥说："大元将兴学校、立科举，丞相为大宋状元宰相，今为大元宰相无疑。丞相常说，'国存与存，国亡与亡'。这是男子心。天下一统，做大元宰相，是甚次第。'国亡与亡'四个字休道。"文天祥意识到这是唆都在向他诱降。他一向淡泊名利，出仕并非为了取得高官厚禄。对于民族敌人的高层统治者，他更是无比蔑视，说"虎牌毡笠号公卿，不直人间一唾轻"。对于唆都的诱降，他严词拒绝，并为宋廷的降元而痛哭失声。唆都怕文天祥以死殉国，就暂时停止对其劝降。

有一次，唆都和忙古歹问文天祥："度宗有几子？"文天祥答道："三子。"接着他们又问：德祐皇帝是第几子，第一子、第三子是否封王，现在何处。文天祥一一做了回答：德祐皇帝是第二子，是度宗的嫡子。第一子封为吉王，第三子封为信王，现在已由大臣护卫离开了临安。唆都、忙古歹吃惊地追问："去何处？"文天祥从容答道："非闽则广。宋疆土万里，尽有世界在。"唆都、忙古歹说："既是一家，何必远去？"

文天祥知道敌人在套问二王的下落，并企图灭绝宋朝的王室，他就乘机表明自己的立场："何为恁地说？宗庙社稷所关，岂是细事！北朝若待皇帝好，则二王为人臣，若待皇帝不好，即别有皇帝出来。"唆都、忙古歹听说南宋可能另立皇帝来与元朝对抗，犹如挨了当头闷棍，惊愕得目瞪口呆。

伯颜在扣留了文天祥之后，于二月初五导演了一出宋朝降元仪式的丑剧。六岁的德祐皇帝赵㬎，率领文武百官，拜表祥曦殿，宣布南宋皇帝退位，向元朝乞为藩辅。于是，伯颜奉元朝旨意，降宋朝京都为两浙大都督府，命忙古歹、范文虎入城治理都督府事务。同时，伯颜又命程鹏飞取出谢道清手诏，命令南宋所有州县全部无条件降元；又命以三省、枢密院名义，由吴坚、贾余庆等执政官签署檄文，谕天下州郡归附。

左丞相吴坚人称"老儒"，是个软弱无能的人，一切听从贾余庆的摆布。宰执们都在谕降檄文上署了名，唯独家铉翁不肯签押。这时，无耻叛臣程鹏飞见家铉翁不听命令，当堂变脸，欲将他捆绑起来。家铉翁岂甘示弱，他威严地说："中书省无缚执政之理！归私第以待命可也。"在家铉翁强烈的民族自尊心面前，程鹏飞做贼心虚，只得罢手。

接着，伯颜命张惠、阿剌罕、董文炳、张弘范、唆都等人，查封临安的府库，收缴南宋各部门的府印、告敕，撤销各官府机构和禁卫军。几天后，元军又入宫来索取宫女、内侍及乐官，上百名宫女因不愿受辱，跳莲池自杀。

二月初六，伯颜要谢道清和赵㬎封贾余庆为右丞相兼枢密使、刘岊为同签书枢密院事，与左丞相吴坚、同知枢密院事谢堂、签书枢密院事家铉翁共五人，任"祈请使"，去大都（北京）奉表元廷。贾余庆是个积极的投降分子，自称原是河南相州（今河南安阳）人，奉承伯颜，想成为元朝新贵，气焰不可一世；谢堂是个无见识的人，只会随声附和；吴坚老儒，胆怯不敢争论；刘岊本是个狎邪小人，人称"江南浪子"，因国难而得美官，扬扬自得，文天祥把他看作沐猴而冠的丑角；只有家铉翁是个爱国忠臣，以直言廷诤著名，他幻想去大都说服元朝皇帝，为保存赵宋社稷争取一线希望。

以此五人为祈请使全是伯颜的主意。祈请使在启程之前，吴坚以老病求免，得到了伯颜的同意，所以降表中没有他的名字，只有贾、谢、家、刘四人。后来伯颜决定要文天祥也一起北上，便把他的名字也加进去了。但文天祥本人绝没有"祈请"的意思。

二月初八这天，就在船要开的时候，杜浒突然来到码头。他跪在文天祥面前，诚恳地说："文大人，让我跟您一起去吧！我愿意一辈子跟随您，服侍您，生死都要和您在一起。"

文天祥感动得说不出话来，急忙将他搀扶起来，然后含着眼泪，深情地望着他，答应了这位挚友的请求。

同文天祥一起到皋亭山元营的一些随从，有的已不辞而别，剩下余元庆、金应等十人，也同船北上。

船沿运河向北行，一路上，文天祥和杜浒谈起临安的情况。

"咱们的义军是不是已经被贾余庆等人解散了？"文天祥问。

"他们发出榜文，让义军将士各自还乡，可是大部分弟兄没听他们那一套，许多人说回到江西还继续干。"杜浒答道。

"朝廷里有什么消息？"

"元军把三宫俘虏北上，而且还把府库里的各种图籍、祭器和宝物都抢劫走了……"

文天祥听了，连连叹息："真可惜啊！难道大宋就这么完了吗？"

"还有救，"杜浒凑近身子小声地说，"听说吉王、信王已经安全到达永嘉（今浙江温州）了，正力图恢复宋朝。另外，张世杰率领部队也已经到定海（今舟山），很快就会赶去勤王！"

"好，大宋还有希望！"文天祥高兴极了，"咱们得想法子赶快到南方去！"

杜浒带来的消息，更加坚定了文天祥逃出去的信心，于是，他们寻找脱身的机会。

二月初十，船停泊在杭县谢村。晚上，文天祥和杜浒商量好了乘夜色正浓时逃走。可是不巧，元军派一个姓刘的百户带着二三十人和一条船来了，逼着文天祥他们下船登岸，对其严加看管。贾余庆见刘百户是汉人，就对元将铁木儿说，文丞相别有用心，要多加小心。这样元将铁木儿戒备就更严了，而且第二天一早就让文天祥他们上了另一条船。在

一片喝骂和催促声中，文天祥及其他随行人员被押着向前走，他们感到莫大的羞辱，心中火冒三丈，但事已至此，只得权且忍耐，再寻找机会。

船从谢村开出，离临安越来越远，文天祥望着临安的方向，心中十分悲痛，他默默地说："别了，临安，但是，请相信，这分别是暂时的，我文天祥一定要回来！"

往北走，正是元军进攻临安经过的地方，农田村舍一片凄凉。文天祥触景生情，感慨万分。特别是到了平江，文天祥想起当时要不是被朝廷下令调走，自己必然会死守平江城，现在也不会成为元军的俘虏。船在平江停了一个多时辰，人们听说文丞相被押，从这里经过，纷纷前来探望，有几个原来地方上的官吏在码头上等候多时，他们涕泪满面，要求登船拜见。元军看到这情景，生怕出事，赶忙解缆开船，并对文天祥严加防范。文天祥又没能够逃脱，但他由此看出了民心，因而也更加坚定了逃跑和继续抗战的决心。

船经无锡，文天祥想起十八年前陪弟弟文璧经此地去临安应考的情景，感到世事沧桑，心中无限凄楚。

船到常州，举目四望，一片萧条景象，常州人民被元军杀戮殆尽。文天祥愤慨不已，决心为无辜的人民报仇。

常州边上的五木是文天祥的战友尹玉、麻士龙和无数爱国义士牺牲的地方。经过这里时，文天祥仿佛觉得汤汤河水，都由眼泪汇成，他暗暗地祈祷说："安息吧！你们的血不会白流，你们的牺牲是会得到补偿的！"

二月十八日，船行到了镇江，眼看就要和江南父老告别了，文天祥心中更加焦急，他恨不得能插翅飞出去。

元朝大将阿术当时驻扎在镇江对岸的瓜州，他主持江北军事，地位显赫。十九日，他想见见宋朝的"祈请使"以及文天祥，于是就让这些人渡江前去。

阿术灭宋之功不亚于伯颜，因此趾高气扬，不可一世。贾余庆等"祈请使"见了阿术，奴颜婢膝，丑态百出。文天祥怒不可遏，在一旁一言不发。

文天祥画像

狡诈的阿术，见文天祥闭口不言，便起了疑心，另外，又考虑到这批人北上，要经过宋军坚守的地区，于是就吩咐押解的军官严加看管，同时先押他们回镇江等候命令，待布置妥当，再继续北进。

在镇江，文天祥借住在一个名叫沈颐的人家里，元军派人监守，开始监守很严，过了两天，见文天祥没有什么动静，就放松了。

这时，文天祥找杜浒以及余元庆商量逃走的事。文天祥分析道："镇江是军事重镇，敌人防守严密，逃走不易，但如果现在不逃，过了江，越向北就越不易脱身。这里离扬州和真州（今江苏仪征）都不远，两地都在宋将手中，去扬州危险大，去真州虽说要逆流而上，但州城就在江边，元军防范也不严密，因此，只要找到船就可逃往那里。"

要逃走就得横下一条心，杜浒说："逃跑的计划如果泄露，就只有一死，逃到半路被捉回来，也会死，而且大家都活不成，咱们大家会不会后悔？"

文天祥指着自己心口发誓说："死有什么可怕？我不后悔！"说罢，从身上取出一把匕首，对杜浒和余元庆说："万一逃不成，就自杀殉国。"杜浒和余元庆非常激动，也都掏出匕首。接着大家都表示了决心，然后开始行动。

要逃走一定要有船，要找船一定要有当地人的帮助，文天祥被元军

派的王千户监视得很严，走不开。杜浒和余元庆行动方便些，所以他俩便外出去找船。

这时镇江街头出现了一个醉汉，他整天在酒楼上喝得醉醺醺的，然后疯疯癫癫地找那些素不相识的人闲谈，这人就是杜浒。他遇见心向宋朝的人，就送些银两，并且说出自己要找船的事。他先后找了十多个人，这些人很愿意帮忙，只是都找不到船。这一举动很冒险，只因百姓都很痛恨元军，没有人去告发，所以没有发生意外。

余元庆比杜浒谨慎，他仗着自己是真州人，天天在街上转着，找熟人打听。一连八天过去了，他们都没有找到船。看到长江上小船一只又一只，都由元军严格看管，杜浒和余元庆叹着气，焦急万分。

第九天晚上，余元庆在街上走着走着，碰巧遇一位老朋友，而且是给元军管船的。余元庆大喜，立刻求老朋友帮忙，答应给他一千两赏银，以后还保他当大官。

"要是为钱和官我就不干了，"这人气愤地说，"我就是要为大宋救出一位丞相，好去建功立业，赶走元军。银两、官职我都不要，只求丞相赐一纸文书，太平之后，我好去拜见！"

余元庆非常高兴，回来报告了文、杜二人。

这些天杜浒虽然没有找到船，但是他结识了一个熟悉道路的老兵，送给那人一些钱，并请他喝酒，那人便答应到时领大家抄小路到江边，那样比较安全。另外，杜浒还结识了一位专门查夜的刘百户，这人贪便宜，得了杜浒的银两，喝了杜浒的酒，便答应随时派人提了官灯来接杜浒，不受夜禁的限制。

二月二十九日，准备就绪，文天祥决定夜间逃走，并事先派两个人到找好的船上，准备夜间在甘露寺下等候。没料到就在二十九日中午，元军派人通知，要立刻渡江到瓜州去。面对这个突如其来的决定，文天祥非常吃惊。但他很沉着，借口说自己住在老百姓家，得到通知太晚了，来不及准备，请元军宽容一个晚上，明早再过江去。元军没怀疑，勉强答应了。

监视文天祥的那个王千户，总是寸步不离文天祥，就连睡觉也要挨着文天祥。不摆脱他，就无法逃走了。为了摆脱他，文天祥让杜浒买了许多酒和肉，借口明天要走，摆起了酒席，一来辞别乡土，二来酬谢房主人沈颐，请王千户作陪。他们痛饮了一场，过了一个时辰，沈颐醉了，紧接着王千户也烂醉如泥了。

不久，事先约好的那个带路老兵也来了。老兵藏在屋里，杜浒在门外等着刘百户派人送来官灯。二更天，果然来了个提着官灯的十五六岁的元兵。杜浒大喜，叫了老兵，带上提官灯的元兵走了。文天祥换了衣服，跟在后面，其他人一个一个在黑暗处远远地跟着。因为有官灯，一路无人盘查。到了人烟稀少的地方，杜浒拿出些银子给提官灯的元兵，告诉他明天到某处去取灯。这个元兵也不怀疑，拿了钱就走了。

有了这盏官灯，过大街，穿小巷，畅通无阻。走到街的尽头，元军把十几匹马拴在路中间，以此设立关卡而挡住和盘查过往人们。因为多少天来一直没有什么情况，元军就都躲在屋里睡觉了。文天祥一行，踮起脚轻轻地从马旁边走过去。马见生人，骚动起来，幸亏屋里的元军睡得过死，没被吵醒，他们才幸运地又闯过了一关。

在老兵的带领下，抄小道，很快来到江边甘露寺下。杜浒打发走了老兵，大家开始找船。不料，船没找到，先派去的人也无影无踪。大家非常担心。

余元庆也很着急，但他想朋友不会失约，可能是这里不安全，把船藏到僻静处去了。他不顾天寒水冷，撩起衣服，沿江涉水寻找起船来。

文天祥等人立在江边焦急地等着。他心想，如果找不到船，也绝不能等着落到元军手里，他摸了摸随身带的匕首，暗下决心，不得已时，就自刎或投江。

过了一会儿，远处传来了船桨击水声。余元庆走了一二里路，终于把船找来了。

文天祥等十二人安然上了小船，满心欢喜地向长江上游驶去。

没走多远，大家心里又紧张了起来。原来沿江岸几十里停的都是元军的船只，一会儿打梆子，一会儿唱更，戒备森严。江上没有第二条路可走，文天祥他们的小船必须从元军船只旁边经过，如果有人盘问，必然前功尽弃。幸好没人问，元军做梦也没想到文天祥从他们的兵船旁边溜走了。

又走了一阵，突然遇到了元军的巡查船，船上元军喊道："什么船？"

"河鲀船！"老艄公答道。

元军发觉船上可疑，遂乱叫着"歹船！歹船！停下！停下！"并尽力向小船驶来。

文天祥等人都捏着一把汗，老艄公拼命地摇着小船箭一般离去。这时恰好退潮，元军巡查船搁浅了，他们只好眼巴巴地看着这艘可疑的船离去。

确定已脱离了元兵的纠缠后，文天祥思潮起伏，诗兴大发，提笔挥洒道：

> 十二男儿夜出关，晓来到处捉南冠。
>
> 博浪力士犹难觅，要觅张良更是难。

终于摆脱元人的控制，文天祥有种苍鹰出笼的感觉。

新的征程终于开始了。

天明时分，小船终于停泊于真州。

文天祥向老艄公再三致谢，然后向真州城奔去……城头上绣着"宋"字的大旗，跃入文天祥一行人的眼帘，他们激动不已。余元庆对守城士兵急切喊道："快开城门！"

"什么人？"守城士兵大声问道。

"文天祥丞相蒙难至此，快开城门。"余元庆高声答道。

守兵通报后，安抚使苗再成惊喜万分，他亲自打开城门，亲手将文天祥扶上马。

在经过整整四十天的生死煎熬之后，文天祥终于重获自由，不由令他百感交集，便以《脱京口》为总标题，写下了十五首"难"字诗，备述他脱离虎口之险，后来这组诗被收入著名诗集《指南录》中，成为研究文天祥和这段历史的宝贵资料。

 ## 真州被逐

真州知州苗再成热情地将文天祥接进州衙，安顿在清边堂居住。杜浒和其他十个随从人员，则被带至直司，搜查了身上所藏武器，见无可疑之处，然后才表示对他们的信任。文天祥见真州宋军防守如此严密，心中暗自钦佩。

苗再成固守真州，已数月不知朝廷信息。当他与文天祥相见后，问明了京城临安的形势，不禁悲愤得眼泪直流。过了一会儿，将校和幕僚们都来拜见文天祥，当他们听说临安沦陷的消息，个个表现出对元军的强烈仇恨。他们向文天祥介绍两淮的情况说："两淮兵力，足以复兴。惜天使李公（淮东李庭芝）怯不敢进；而夏老（淮西夏贵）与淮东薄有嫌隙，不得合从。得丞相来通两淮脉络，不出一月，连兵大举，先去北巢之在淮者，江南可传檄定也。"

文天祥问苗再成："计将安出？"苗再成说："先约夏老，以兵出江边，如向建康之状，以牵制之。此则以通、泰军，义打湾头（今江苏扬州东北）；以高邮、淮安（今属江苏）、宝应（今属江苏）军，义打扬子桥（今江苏扬州南）；以扬州大军向瓜洲；某与赵刺史孟锦，以舟师直捣镇江。并同日举，北不能相救；湾头、扬子桥皆沿江脆兵守之，且怨北，王师至，即下。聚而攻瓜洲之三面，再成则自江中一面薄之。虽有智者，不能为之谋。此策既就，然后淮东军至京口，淮西军入金城（今江苏句容北）。北在两浙，无路得出，虏师可生致也。”

苗再成提出两淮军联合起来，由淮西军在建康牵制元军，由淮东各军合围瓜洲和直捣镇江，使在两浙的元军失去退路，然后宋军再合力破之。

这个计划只要两淮守将能忠心报国、团结一致，本来是切实可行的，也与文天祥在出知平江府前向朝廷提出的抗元战略相一致。那时，文天祥曾认为：如果不“仿方镇以建守”，将使“敌至一州则破一州，至一县则一县破”；只有“分天下为四镇，建都督统御于其中”，如“以淮西益淮东而建阃于扬州”，责“扬州取两淮，使其地大力众，足以抗敌”；然后“约日齐奋，有进无退”，则“敌不难却也”。因此，文天祥听了苗再成的战略方案，喜不自禁，以为宋朝复兴的机会来了。

文天祥立即动笔先后给李庭芝、夏贵写了信，苗再成“各以复帖副之”。苗再成又请文天祥“致书戎帅及诸郡，并白此意”。于是，文天祥再给扬州守将朱焕、姜才、蒙亨等人一一写了信；又给各州知州写信，约以复兴。苗再成派人四处去说明他们的战略意图。真州诸将十分踊跃。文天祥则翘首盼望，希望能得到各地的回报。

可惜的是，苗再成的战略方案在当时根本不可能实现。一是因为李庭芝虽有兵力，但“怯不敢进”，只知消极防守扬州，拥兵自重，加上夏贵与他有矛盾，淮东、淮西两军不一定肯出兵联合。二是夏贵早在二

月二十二日以淮西投降了元军，只因当时信息不通，苗再成尚未得知。

夏贵当时是个八十岁的老头，曾是鄂州、鲁港战役中的逃兵，早有降元之心。二月十九日，元朝下诏和宋朝祈请使写信劝他投降，他得知临安已降，便也于二月二十二日率部归附了元朝，元廷封他为淮西安抚使。当时的知镇巢军（今安徽巢县）洪福，原是夏贵的家僮。夏贵不仅自己投敌，还派他的侄子去诱降洪福，被洪福斩首。元军久攻镇巢不克，夏贵竟亲至城下，以好言欺骗洪福，请求单骑入城。洪福轻信了夏贵的话，就打开城门，埋伏在城边的元兵突然冲进去活捉了洪福父子，并实行屠城，夏贵还亲临现场杀死了洪福一家。洪福临死前大骂夏贵不忠，并请南向而死，以明不背叛宋朝，闻者感动，为之流泪。

文天祥在真州，不知夏贵早已降元，还在等候淮西的回报。三月初二，苗再成来到清边堂，请文天祥为他收藏的李龙眠画《汉苏武忠节图》题诗。文天祥想起苏武崇高的民族气节，便觉"抚卷凄凉，浩气愤发，使人慷慨激烈，有去国思君之念"，于是作律诗三首，提笔写在卷后。他在诗中写道："忠贞已向生前定，老节须从死后休。""李陵罪在偷生日，苏武功成未死时。"

他借咏苏武表达自己的忠贞志向。苗再成也是个爱国志士，他在坚守民族节操这一点上，与文天祥是一致的，不然他也不会拿出苏武图请文天祥题诗。

然而，就在这时候，元军设了一个反间计，要置文天祥于死地。

原来，就在文天祥等人从镇江逃走的第二天早上，元军发现了，并在城内到处搜查，虽然抓了许多可疑分子，但是没有什么结果。后来又到城外搜查，同样毫无踪影。于是，元军推断文天祥逃到了宋军据守的真州城里。他们非常害怕文天祥再组织宋军抗元，于是就想出了一条恶毒的反间计，企图借刀杀人。

元军收买了一个叫朱七二的无赖，让他连夜混进扬州城，散布谣言，说文丞相已经降元，现在被派往真州，想去骗城，等等。扬州守将李庭芝让人抓了朱七二，亲自审讯后，信以为真。正在这时，他接到苗再成派人送来的信，知道文天祥已到真州。他推想：元军对宋朝丞相一定看守得非常严密，怎么能逃脱？一个人逃就很不容易了，怎么能十二个人一同逃掉？于是，他也就确信文天祥一定是降元了。接着他便派了一个提举带着信前往真州，责怪苗再成不该放文天祥进城，命令苗再成把文天祥杀掉。

苗再成接见扬州来的提举，看了信，犹豫起来。他想：从文天祥的言行看，不像降元的人；但李庭芝是他的上司，已经下了命令；再说十二个人一块逃出来，也确实可疑……苗再成心里乱极了，但他无论如何也不肯把文天祥杀掉。

就在文天祥到真州的第三天早上，苗再成约文天祥等人去看城防工事，文天祥高兴地答应了。先由陆都统领他们在小西门城上看，不一会儿，一名姓王的都统也来了，领他们走出城去。出城门一箭地，王都统突然说："有人在扬州说丞相来真州说降！"说完从怀中取出李庭芝的书信，抓住一角在文天祥面前晃了晃，但不给他看，文天祥非常吃惊。正在这时，两名都统突然扬鞭催马，奔进城去，小西门也紧紧地关上了。

文天祥等人站在城外荒野中，心里不是滋味，想不到李庭芝等人居然会这样怀疑自己，这比受敌人的侮辱还难受。叫城城不开，申辩也没人听，到哪里去呢？文天祥心如刀割，不断叹息。

文天祥站在小西门外，彷徨无措，感到自己将不知死所。杜浒想到自己费尽心血才使大家脱离虎口，却受此冤屈，不禁仰天呼号，几次要跳城河自杀，都被拉住。其他随从人员也个个面无人色，不知如何是好。他们既进不得城，城外又会遭遇元兵，露立荒野，双手空空，没有食物，急得心如刀割。这时忽见有二人来，自称义军头目张路分、徐路分，说是苗再成派来相送，问文天祥要去哪里。文天祥说："逼不得已，唯有去扬州见李相公（参政李庭芝）。"路分说："安抚（苗再成）谓淮东不可往。"文天祥坚定不移地答道："夏老（夏贵）素不相识，且淮西无归路。只能去扬州。"二路分只好说："那好吧。"

过了许久，有五十名带着弓箭刀剑的士兵前来跟随，苗再成又派人送还文天祥等人的衣被包袱。

二路分和文天祥、杜浒都骑着马，由二路分引导着走了几里路。那五十个士兵忽然停住脚步，提刀在手，二路分请文天祥下马，说"有事商量"，脸色非常可怕。

文天祥下马问："商量何事？"路分说："走几步再说。"

又走了一段路，二位路分又说："请坐，请坐。"

文天祥有些生气了："站着说吧！"

"今日之事，不是苗安抚的意思。李制使派人要杀丞相，苗安抚不肯加害，所以派我们二人来送行。如今丞相想去哪儿？"二位路分解释道。

"除了去扬州，还有什么地方可去呢？"

"扬州要杀丞相怎么办？"

"不管那么多了，我们只能听天由命。"

"苗安抚命令我们送丞相去淮西。"

"淮西的夏贵，我们从来就不认识，再说淮西旁边的城镇都有元军，无路可走。我们只能到扬州，李制使如果信任我，我就动员他出兵收复失地，不然我们就从通州（今江苏南通）下海到南方去。"文天祥坚定地说。

两人又说："李制使已不能容，不如到山寨里避一避再说。"

文天祥不耐烦了："何必这样呢！生则生，死则死，就在扬州城，已决定了！"

两位路分又说："苗安抚已经备好了船只，丞相从江上走，归南归北都可以。"

文天祥一听"归北"二字，认为是对自己的莫大侮辱，吃惊地说："难道苗安抚也怀疑我们了？"

这一番对话，是路分在试探文天祥的真实心意，是苗再成布置好的。二人见文天祥无降元之嫌，就说出了实情："苗安抚对丞相也是将信将疑，让我们见机行事，我等见文丞相是大忠臣，怎么敢杀害！既然真去扬州，我们再送一送。"

文天祥这才恍然大悟，正因为他不考虑个人安危，坚持去扬州，才取得了二人的信任。

文天祥拿出一些银两赏给士兵们，然后又开始上路。原来走的是去淮西的路，现在二路分又引他们走上去扬州的路。天色快黑了，路上无人，路两旁不远的地方就有元军的兵营，如果碰上元兵，那就没法逃脱了。

天黑以后，二位路分领着三十名士兵返回真州。剩下的二十名士兵，又送文天祥他们走了十多里地，讨了些赏银，也不肯走了。他们告诉文天祥等人，黑夜里有贩货的商人去扬州，跟着他们走，就会到扬州西门。

文天祥等一行人不得已，只好在黑暗中默默地跟着商人的马队，前去扬州。

九死一生

四更时分，文天祥一行终于抵达扬州城西门外，他正想敲城进去，却犹豫起来，说："我们进了扬州城，跟李庭芝披肝沥胆，可能会把误会消除，但既然他当初非令苗再成杀我们不可，现在又怎么会听信我们，相信我们呢？不能死在自己人手里。"

杜浒也不同意进城："我们不如先找个地方躲起来，到晚上投奔高邮，然后再从通州渡海南下，寻找二王，再图复兴之义举。"

金应却说："离城不远就有元军的哨兵，从这儿到通州五六百里，怎么能走到呢？与其路上受苦而死，还不如死在扬州城下，这倒是咱们自己的土地啊！另外，李庭芝也可能不杀我们呀！"

其他人，有的同意杜浒的意见，有的同意金应的说法。平时处事很果断的文天祥，此时也没了主意。而且这里又离元军占领的扬子桥很近，不是久留之地，怎么办呢？文天祥犯起难来。

正在这时，余元庆带来一个卖柴人，自称熟悉道路，能为大家带路。

"你能把我们带到高沙（今江苏高邮西南）吗？"文天祥高兴地问。

"能！"卖柴人满口答应。

"到哪儿能暂时躲一下？"

"就到我家里去吧！"

"有多少路？"

"大概二三十里。"

"沿途有没有元军的哨兵？"

"几天才会来一次，今天能不能碰上，就看你们的运气了。"

听了这话，文天祥很高兴，于是决定随卖柴人到高沙去，然后渡海归江南，去成就复兴宋朝的大业。

天色微明，大家忙着赶路。就在这时，跟随文天祥多年的余元庆，以及另外三个人，因为怕苦怕死，不肯再往前走，带着分藏在他们身边的白银，偷偷逃走了。

文天祥发现后非常痛心难过,但他的决心并没有因此而动摇,一行八人,跟着卖柴人继续往前走去。

腹中无食,身上无力,饥寒交迫,文天祥从来也没有经受过这样的煎熬。他步履艰难,走上几十步,就喘得上气不接下气,倒在荒草之中,随从将他扶起来再走,一会儿又跌倒了。就这样反复十多次,最后,他再也走不动了。

这时,天已经亮了,白天容易碰上元军,因此只得停下来。要赶到卖柴人家躲避,已不可能了。在路旁不远的小山坡上,有个土围子,看起来原先是老百姓的住房,毁于战火,木料和砖瓦都没了,只有四面断墙。走近再看,里面到处是马粪,脏极了,但是这里倒是个藏身的地方。

卖柴人领他们进去,大家在墙边稍微清扫一下,将衣服铺在地上,或坐或躺,安顿下来。他们个个饥饿难忍,于是卖柴人提出由他进城买些吃的回来,并且说:"你们白天怕是要饿一天了,午后城门才开,我大概傍晚才能回到这里。"

八个人又饿又乏,周围臭气熏天,坐着难受,躺下又睡不着,一个个不声不响地打发着时间。到了中午,大家很高兴,按元营的习惯,上午出哨,过午即归,因此大伙都说:"今天又得命了!"

大伙刚刚松了口气,忽然,远处人马嘈杂。从墙缝往外一看,只见有数千名元军骑兵,从东向西浩浩荡荡地开过来了。

"没有死在扬州城下,竟要死在这里了!"文天祥心里想着,八个人紧张极了。

马队就从土围子后面经过。八个人身子紧贴墙藏着,大气也不敢出。马蹄的嗒嗒声、箭筒的撞击声,听得十分真切。现在,只要有一个元兵向土围子探探头,他们就没命了。

就在这千钧一发的时刻,忽然刮起了大风,乌云翻滚,豆大的雨点落了下来。元兵为了赶到有人家的地方避雨，只顾急忙赶路，大队人马从土围边开过去了。望着远去的元军，大伙儿舒了口气，虽然浑身湿透了，但大难不死，人人心里都很高兴。

后来才知道，这是押送宋朝祈请使去大都的队伍，其中还有元朝掠夺的财物以及其他人员。因为在镇江刚跑了文丞相，所以动用了上千人的军队来警戒。

风过雨停，他们饥渴难忍。于是文天祥派了两个人下山取水，顺便想弄点吃的来充饥。谁知这天因有祈请使经过，元军骑兵也改变了活动规律，二人刚下山，就被抓住。幸好他们机灵，又把腰间藏的白银全给了元兵，这才脱身。

天黑了，卖柴人进城还没有回来。原来，今天元军活动频繁，有几百骑兵总在扬州西门外巡逻，所以午后城门没有敢开，卖柴人自然也就被关在城里。天黑以后，天气更冷了，大伙儿饥寒交迫，露天的土围子没法过夜，于是只得下山，到一座古庙里暂避一宿。

这古庙破烂不堪，但还可避风遮雨，里边住着一位讨饭的妇人。八个人在庙里还没坐稳，就从外面进来了一个手持木棍的汉子，接着又进来三四个人。文天祥心想，难道刚躲过了元军，现在又碰见了土匪？

"你们别怕，"见大伙有些惊疑，那位讨饭的妇人赶忙解释，"他们都是樵夫，砍好柴在这里歇一宿，天亮进城去卖。"

双方都互相打量了一番，见对方都无恶意，也就放心了。樵夫在院子里烧火煮了一锅粥，煮好要吃时，见文天祥等人饥寒难忍，实在可怜，就邀他们过去一起吃。文天祥等人吃了些粥，烤着火，身上舒服多了。

他们互相攀谈起来，文天祥简要地说了一路遇难经过，说想到高沙去，请樵夫帮忙。这些樵夫热情地给他们出主意："你们先到前面贾家庄住一天，吃饱了，备齐干粮和马匹，然后再上路……"

文天祥非常感激这些樵夫，特别是其中的一位少年，怕文天祥他们夜里挨冻，整整烧了一夜火。

五更时，文天祥等人随樵夫出发，天亮到了贾家庄，樵夫将他们安置在一个和昨天差不多的土围里，然后担柴进城。

等到中午，樵夫从城里回来，买来了大米、猪肉。八个人饿了两天，这才饱饱吃了一顿，精力也恢复了一些。

黄昏，文天祥等人正准备上路，从扬州城里忽然跑来五个自称巡查的骑士，他们是宋朝官员，但见到遇难的人举刀就砍，气势比元军还可怕。文天祥等人献出银两，这才免遭毒手。

这天晚上，樵夫为文天祥买了马匹，由三人引路，三人牵马，向高沙进发了。开始的四十里路还顺利，但一过桥就迷了路。几个人乱走了一夜，不辨东西南北，人困马乏，风露满身。初六早上，起了大雾，雾散之后，再抬头一望，一队元军骑兵正朝他们走来。幸好路旁有片竹林，文天祥忙招呼大家进去躲避。

"快出来！"元军呼喊着。他们发现有人躲进竹林，二十多个骑兵在竹林周围叫喊着，接着一拥而进，钻到竹林搜索起来。

一场搏斗开始了，结果帐兵王青被五花大绑拉出竹林；张庆右眼中了一箭，颈部被砍了两刀；邹捷藏在厚厚的烂竹叶下，元军的马把他的脚踩得鲜血直流，而他忍住疼，一动不动，元军没能发现；杜浒和金应被抓住了，但身上还有黄金，送给士兵，才被放回；文天祥本人藏在杜浒旁边，元军从他身边走了三四回，却没有发现；吕武、夏仲躲在别处，也受到了惊吓。

就在情况十分紧急的时候，忽然刮起了大风，元军似乎听见风声中有人声，以为林中还藏有大批人马，不敢再搜。"快把林子烧了！"元军一面喊，一面撤出竹林。

文天祥等人赶紧跑到对面山上，找草丛隐蔽起来。一会儿，吕武过来报告："元军骑兵已回驻地了。"大家心上的石头这才落了地。

引路牵马的六个人，有的被抓，有的逃走，现在只剩下两个牵马的了，而马又没了，他俩不愿再走，于是文天祥给了一些银子让他们走了。

文天祥又打听到离这儿三四里路，有通往高沙的古道，于是他们下山走上了正路。正当这群人疲惫不堪地向前走时，又遇见了一伙樵夫，樵夫见他们是遇难的，表示愿意帮助。见文天祥实在走不动，就找来了个箩筐，让文天祥坐在里面，六个人轮流抬着，一直抬到高邮城西。

在高邮城外，他们听说李庭芝捉拿"奸细"文天祥的命令已经下达到这里，于是不敢进城。雇了船，急忙向东驶去。

船到城子河，文天祥等人忽见河边积尸盈野，河中流尸无数，船行二十里，尸体未间断。一打听，原来二月初六元军押送宋朝使节和大批财物北上时，稽家庄和高邮的宋军前来袭击，元军大败，这些尸体都是元军的。文天祥兴奋地说："元军进犯江淮，只有这一战是我军的大胜仗啊！"

当天晚上，船停在稽家庄。这里有个庄官，听说文丞相来了，立即摆酒设宴，盛情款待，并让他儿子和一名馆客护送文天祥赴泰州，全不听李庭芝那一套。

三月十一日，文天祥顺利到达泰州。从泰州到通州三百里水路，都很难走，沿岸常有元军出没。他们一直等到二十一日才开船，行了两天两夜，历尽艰难困苦和危险，终于在二十三日到达了通州。

通州守将杨思复也接到了李庭芝捉拿文天祥的命令，他先以为文天祥是奸细，让守兵对文天祥等人反复盘查，好几天也不让进城。恰巧，有一天他又得到了镇江元军方面的情报，说是元军也在捉拿文天祥，元人的行动，又证明了文天祥不是奸细。杨思复解除了疑虑，亲自到城外

迎接文天祥等人进城，热情地接待了他们。

在通州，跟随文天祥二十年的金应不幸病故。此人与文天祥生死与共，感情深厚，文天祥特别悲伤，入殓时，他特地在棺材上钉了七颗木钉和一个木牌做记号，准备将来亲手取其骸骨归葬庐陵。文天祥还写了两首诗在金应坟前焚化，以寄托哀思。

文天祥在通州住了半个多月，这时，他听说二王在永嘉（今浙江温州）建了元帅府，张世杰、陆秀夫等文臣武将都在那里，继续组织抗元，力图恢复大宋江山。这一喜讯，使文天祥非常激动，他不顾身体疲劳，决心再经历一次危险，渡海南归，到永嘉觐见二王。

闰三月十七日，文天祥乘海船，扬帆而去。船驶出扬子江入海时，他眼望碧波，心潮澎湃，写了下面这首《扬子江》：

几日随风北海游，

回从扬子大江头。

臣心一片磁针石，

不指南方不肯休！

第七章

孤臣血泪盈怀抱

当天夜晚，文天祥得报，元军追兵已逼近空坑。元军来势汹汹，锐不可当。同督府中多是官员和随行家属，兵力有限，根本不是元军骑兵的对手。情况紧急，刻不容缓。陈韩师立即送文天祥从小路出逃。同督府的士兵不知文天祥去向，只得猜测文天祥的所在，急速赶去护卫。元兵追骑冲进空坑，责问文天祥下落，见无人知晓，就攻破山寨，进行了一场血腥的大屠杀。

泛海南归

早在德祐二年（1276年）正月十八日，因元朝丞相伯颜进驻皋亭山，益王赵昰、广王赵昺与杨淑妃等人，在驸马都尉杨镇、杨亮节等护卫下逃离临安，前往婺州。后来听说知广德、婺州、处州、台州官员已经投降了元军，只好改道去永嘉。

二月十一日，元朝下诏，谕临安新附州府司县官吏军民"各宜安居"，并命宋朝皇帝、太后及大臣等去上都朝觐元帝。三月初二，伯颜进入临安，派遣郎中孟祺籍没宋朝太庙和宫中的礼乐器、册宝、郊天仪仗以及秘书省、国子监、国史院、学士院、太常寺等处的图书、祭器、乐器等物。为了防止汉族军民的反抗，次日又搜刮江南各占领区州郡的武器。三月初十，伯颜等离开临安，将回北方。

为了带德祐皇帝和全太后等去向元帝献俘，三月十二日，元将阿塔海、阿剌罕、董文炳入宫催促德祐皇帝和全太后启程去北方。当孟祺宣读元帝诏书，念到"免系颈牵羊"之句表示"优待"宋朝亡国君主时，全太后竟感激涕零，忙教赵显这孩子快下跪拜谢元帝恩德。赵显拜毕，元军即将这母子俩装进轿子抬出宫去。福王与芮、沂王乃猷、度宗生母隆国夫人黄氏以及杨镇、谢堂等官员随行。太皇太后谢道清因老病，暂时留在宫中。

闰三月，当赵显与全太后随元兵北上，行至瓜洲时，李庭芝与姜才痛哭流涕，尽散金帛犒赏将士，以四万人夜捣瓜洲，企图夺回皇帝、太后。激战三个时辰，元兵拥着赵显、全太后等避去。姜才追赶至蒲子市，仍不肯退兵。阿术派人招降姜才，姜才说："吾宁死，岂作降将军耶！"真州苗再成谋划夺驾，也未成功。

闰三月十四日，赵显、全太后被押送到大都。高应松绝食七天死。贾余庆病亡。家铉翁因国亡而日夜痛哭，拒绝元帝的封官。五月初一，赵显、全太后等又被押至上都。次日朝见元帝忽必烈。忽必烈封赵显为瀛国公。

待到八月间，元朝终于又派人将谢道清连同她的病床一起抬出宋宫，送往大都。

闰三月，陆秀夫、苏刘义听说二王前往永嘉，在半路追上了他们，并派人去清澳召来了陈宜中，又派人到定海召张世杰来见二王。张世杰带领他的军队到了永嘉江心寺。当年宋高宗在金兵追赶下，也曾南逃到这里，所以江心寺中留有御座。陈宜中、陆秀夫、张世杰这些宋朝的臣子们，一起在御座下痛哭，奉赵昰为天下兵马都元帅，赵昺为副元帅，建立了一个抗元斗争的临时指挥机构，然后就设置官吏，并号召各地勤王。

不久，死心塌地投降了元朝的宋太皇太后谢道清，竟派了两个宦官带着八名士兵，要召二王回临安。陈宜中等将谢道清派来的这伙人沉入江中，接着就离开永嘉，前往福建。

这时，文天祥在通州，他急切地寻找海船，巴不得立刻飞渡去浙东追随二王，实现其复国大计。可是，自从元兵占领长江两岸和进入临安以来，凡欲从淮入浙者，必须走海路，通州正是出海的孔道，因此海船已经发尽。当文天祥正在无计可施之时，三月间有台州三姜船来到通州，却已被太监曹镇所雇。幸而同月又有通州送文书的人自定海回来，张世杰以一海船相送，杨师亮便用这艘船送文天祥去南方。于是，文天祥的船便可与曹太监的两艘船以及另一艘徐新班的广寿舟结伴同行。文天祥非常高兴。因为如果只有姜船，他就不能成行；要是只有张世杰送来的船，孤舟出海，无伴同行，可能会在海上遇险。现在事情竟如此凑巧，文天祥心想，莫非老天爷有意帮忙。

闰三月十七日，文天祥与杜浒、张庆、夏仲、吕武、邹捷共六人，乘船从通州城下七星港起航。船先在江北小河里航行。白天走、夜晚停，次日宿于石港。当船行驶到离石港十五里左右的卖鱼湾时，曹太监的船突然搁浅，须等涨潮时才能继续航行，他们只好停宿下来。本来从通州南下，很快就可从长江口出海。只因当时长江口的渚沙（今上海崇明岛一带）已被元兵占领，所以，要从海道去江南，得先北上，进入淮海以北的所谓"北洋"，绕一个大圈子，以避开长江口的元兵，然后转而向南，进入所谓"南洋"，这样就要多走几千里海路。文天祥等从通州往北航行，二十一日宿于泰州的宋家林。二十二日，船终于出海。

船一进入茫茫大海，文天祥举目四望，但见天水一色，漫无际涯，他不禁望洋兴叹："大哉观乎！"这是文天祥平生第一次见到大海，顿觉心旷神怡，便暂时抛开了心中的一切忧虑，放眼欣赏壮丽的海景。汪洋大海使文天祥的胸襟大为开阔，深感这是一次难得的奇游，就即兴赋了《出海》诗二首：

> 一团荡荡水晶盘，四畔青天作护阑。
>
> 着我扁舟了无碍，分明便作混沦看。
>
> 水天一色玉空明，便以乘槎上太清。
>
> 我爱东坡南海句，兹游奇绝冠平生。

闰三月二十八日，船乘顺风驶入通州海门界。午间，为避潮汛，抛锚停泊，忽见有十八艘海船乘风破浪地向文天祥他们的船驶来。大家以为来者可能是暴徒，四船立即戒严，搭箭上弦，准备随时进行战斗。不一会儿，待来船驶近，方知不是贼船，而是渔舟，相互交语而过。幸亏只是一场虚惊。由此可见，当时海上航行的环境有多么险恶！

文天祥在海上航行，途中，不仅要防元兵追捕，还要防海盗劫掠，更可能遭遇风暴，丢掉性命。但他矢志南归的赤诚之心和继续战斗的坚强意志从未动摇。

重整旗鼓

德祐二年（1276年）五月初一，陈宜中、张世杰等奉益王赵昰即帝位于福安（今福建福州），史称端宗，改元景炎。册封杨淑妃为皇太后，垂帘听政；进封广王赵昺为卫王。任命陈宜中为左丞相兼枢密使、都督诸路军马，李庭芝为右丞相，陈文龙、刘黻为参知政事，张世杰为枢密副使，陆秀夫为端明殿学士、签书枢密院事。

文天祥在永嘉，新朝廷给他观文殿学士侍读的身份，召他去福安。南宋新朝廷的建立，为广大江南臣民的抗元斗争重又竖起了一面旗帜，这使文天祥感到十分振奋，他奉召立即动身，准备赴行在觐见皇帝。他从陆路取道江西前去福建，在途经庐陵县时，曾夜宿青原寺。他想起即将开展的抗元战争及未来的命运，心潮起伏。当时文天祥的情绪十分矛盾，虽然他满怀复国壮志，但是朝廷是否有抗元的决心和信心，他没有把握，前途未卜，这不免使他忧虑重重。

五月二十六日，文天祥到了福安。李庭芝虽已被任命为右丞相，因他正扼守淮东，一时不便来福建，朝廷便授文天祥通议大夫、右丞相、枢密使、都督诸路军马。

文天祥因有三个多月时间在逃亡途中，加上贾余庆等曾有意对他封锁消息，他不了解临安宋廷向元朝乞降的详细情况。当他一到福安，便责问陈宜中："当奉两宫（赵显、全太后）与二王同奔，奈何弃其所

重？"在临安时，多次主动向元朝乞降原是陈宜中的主意，陈宜中本来就不赞成文天祥要求三宫入海暂避的建议，何况他在文天祥出使元营的前一昼夜也即在二王出奔的同一天，就私自逃回永嘉，他根本没有复兴宋朝的打算。陈宜中心中有鬼，对文天祥的责问，只能哑口无言。

文天祥又多次批评陈宜中怯懦，"纪纲不立，权戚用事"。陈宜中听后，心中很不高兴。文天祥见张世杰，又问他新朝廷有多少兵力。张世杰答说只有他自己的部队。文天祥叹道："公军在此矣，朝廷大军何在？"这等于责备张世杰不顾大局，未能团结各路军队，只知拥兵自重。张世杰听了也很不高兴。

同时，陈宜中与陆秀夫也产生了矛盾。陆秀夫曾长期在李庭芝手下当幕僚，主管机宜文字，熟悉军务。福安新朝廷建立之初，陈宜中也曾遇事向陆秀夫咨询，陆秀夫悉心赞助。陆秀夫是个爱国忠义之士，能独立思考，不肯妄从。不久，陈宜中见陆秀夫议事与自己意见不一致，竟指使谏官弹劾陆秀夫，将他赶出朝廷，谪居潮州。这实在是令人感到叹惜，国家已到了如此地步，内部竟还不能团结！

文天祥在永嘉时，曾广泛结识浙东爱国豪杰之士，为抗元斗争做了不少准备。他到福安后，打算回永嘉进取两浙、两淮。可是，陈宜中出于私心，不同意文天祥的计划。因为他曾放弃永嘉进入福建，他想依靠张世杰的力量去收复两浙，为自己挽回面子，以免给文天祥落下话柄。

还有一件事使文天祥感到十分可惜。文天祥在通州时，知州杨师亮曾向他表示，欲筹集得海船数百艘，拥兵勤王。他一到永嘉，立即将这件事向福安大元帅行府详细报告。谁知陈宜中不相信杨师亮，五月初景炎帝即位后，他派遣毛浚去通州探看动静。杨师亮见来人未带文天祥的文书，感到朝廷不接纳自己的建议，勃然大怒，差点儿想杀掉毛浚。七月，杨师亮因对宋朝复兴的大局完全失望，便以通州投降了元军。

当时的皇帝只是个小孩，太后又是个平庸的妇人，文天祥见国事皆由陈宜中、张世杰决定，自己名为宰相，实际上形同虚设，于是他辞相不拜，并考虑去广州开府督兵。皇帝来福安，福安成了抗元的根据地，使当地老百姓非常振奋，人们几乎倾城出动，前来瞻仰御驾。可是，这个新朝廷并没能做出振作的样子。

文天祥到福安行朝后，把他从德祐二年（1276年）正月领兵赴阙和出使元营以来所写的诗，加上他到福建后所新做的诗，编成了《指南录》四卷，并写了《后序》。文天祥回顾他在逃亡期间所经历的患难，非常感慨，他写道：

　　呜呼！予之及于死者，不知其几矣！诋大酋当死；骂逆贼当死；与贵酋处二十日，争曲直，屡当死；去京口，挟匕首，以备不测，几自到死；经北舰十余里，为巡船所物色，几从鱼腹死；真州逐之城门外，几彷徨死；如扬州，过瓜洲扬子桥，竟使遇哨，无不死；扬州城下，进退不由，殆例送死；坐桂公塘土围中，骑数千过其门，几落贼手死；贾家庄，几为巡徼所陵迫死；夜趋高邮，迷失道，几陷死；质明，避哨竹林中，逻者数十骑，几无所逃死；至高邮，制府檄下，几以捕系死；行城子河，出入乱尸中，舟与哨相后先，几邂逅死；至海陵，如高沙，常恐无辜死；道海安、如皋，凡三百里，北与寇往来其间，无日而非可死；至通州，几以不纳死。以小舟涉鲸波，出无可奈何，而死固付之度外矣。呜呼！死生，昼夜事也。死而死矣，而境界危恶，层见错出，非人世所堪，痛定思痛，痛何如哉！

人们常以"九死一生"来形容屡遭艰险，而文天祥却有十八次死里逃生的经历，好不容易才辗转来到了福安，他庆幸自己总算活了下来。是什么在支撑他？原因就是他把拯救国难、复兴宋朝作为自己义

不容辞的责任。

我们不能把文天祥、陆秀夫等人的行动理解为保护那几个乳臭未干的小皇帝。他们是为了保护父母之邦，为了延续华夏的衣冠文明。古代的士大夫一向珍视气节，文天祥在《正气歌》中写道："天地有正气，杂然赋流形。下则为河岳，上则为日星。"气节充塞于天地。那么，表现在哪些人身上呢？"在齐太史简，在晋董狐笔，在秦张良椎，在汉苏武节。"这些人构成了一个伟大的传统。

正因为人们重视传统，一代代地践行传统精神，中华文明才会五千年不衰！北方民族的铁骑是很强悍的，但最终他们被华夏文明所包容，成为中华民族大家庭的一部分。

淮东沦陷

六月间，江东、江西路的抗元形势似乎较好。吴浚聚兵在江西的广昌，收复了南丰、宜黄、宁都三县。傅卓领兵入衢州、信州境内各县，当地人民都蜂拥起来参加抗元斗争，翟国秀便乘势向信州进军，准备配合谢枋得攻取铅山县（今属江西）。

当时，淮东孤立在长江以北，宋军的处境比较困难。早在元军占领临安时，宋太皇太后谢道清曾手诏淮东制置使兼知扬州李庭芝降元，甚至竟无耻地说："今吾与嗣君已臣伏，卿尚为谁守之？"李庭芝不答，姜才发箭射死使者。元将阿术又派人至扬州城下招降，李庭芝斩使者，并说："吾惟一死而已！"然而不久，淮安、盱眙、泗州均因粮尽降元。扬州也已断粮，"兵有自食其子者"，但仍力战不屈。

浙东各州大部分落入元军之手，广州也已沦陷，淮东正处在绝粮的困境之中，只有江东、江西的军民还在积极抗元。因此六月间宋廷改任文天祥为枢密使、同都督诸路军马，命他开同督府于南剑州，经略江西。文天祥于七月初四从福安出发，七月十三日到达南剑州，开始聚兵集财，并号召天下勤王，准备攻取江西。

文天祥到南剑州后，一面部署攻取江西，一面又派吕武去江淮招豪杰，派杜浒去温州、台州募兵，以便发动浙东和两淮地区的抗元斗争。

文天祥虽在南剑州建立了同督府，而在福安行朝又有以陈宜中为首的都督府，由于缺乏统一的部署和指挥，加上小朝廷内部存在矛盾，景炎元年（1276年）下半年各地抗元形势的发展并不乐观。

在淮东，七月，姜才曾率兵五千保护从高邮运来的粮食，元将史弼领兵来夺，被姜才打败，阿术派兵来救，杀死宋军负米卒数千。扬州粮路已绝。

这时，正好宋廷派使者来召李庭芝去福安当右丞相，李庭芝便留制置副使朱焕守扬州，自己与姜才领兵七千赴泰州，准备从海路去福建。不料李庭芝刚走，朱焕即于七月十二日以城降元。阿术分兵追及李庭芝，杀死宋军千余人。李庭芝走入泰州，阿术围之，姜才因疽发背，不能战斗，泰州裨将孙贵等开门迎接元兵。李庭芝投莲池自杀，水浅不死，与姜才一起被俘至扬州。

阿术责李庭芝不降，姜才说："不投降的是我！"并大骂在旁的叛臣夏贵："你见了我怎么不愧死？"

扬州既失，通州、滁州、高邮等处相继降元。八月，元军又攻真州，安抚苗再成城破而死。八月十三日，阿术杀李庭芝和姜才。至此，淮东地区尽归元朝。

一代名将李庭芝，字祥甫，湖北随州人。嘉熙末，投到京湖制置使孟珙的幕下，担任权建始县令。淳祐初又考中进士，重新投到孟珙部下任职，被任命为制置使司主管机宜文字。淳祐六年（1246年），孟珙病重，临终时荐李庭芝于朝廷。李庭芝感激孟珙知遇之恩，弃官，护送孟珙灵柩葬于兴国（今属江西），还辞官为孟珙服三年丧。

李庭芝长期担任京湖制置使和两淮制置使，参与襄阳保卫战和扬州保卫，多次打败蒙古大军，为保卫宋朝立下大功。

从德祐元年（1275年）元军围攻扬州起，李庭芝带领将士坚决抵抗。元军又多次派人进入扬州城内劝降，李庭芝每次都将元劝降使杀死，烧毁招降榜文，鼓励将士奋勇杀敌。这时，南宋又升李庭芝为参知政事（副相）仍兼任原职，并以金帛慰劳坚守扬州的将士。六月，李庭芝又升为知枢密院事兼参知政事，要他到临安参与主持全国的抗元战争，但是因为局势已很危急，前往临安的道路已很难通行，因而没能回朝。元军多次猛攻扬州，仍没有能攻下。由于元军主力南下进攻临安，进攻扬州的元军就改用长期围困的战略。这极大地牵制了元军的兵力和南下进攻宋廷的计划。

姜才少年时被掠入河北，长大后毅然南归，参加抗元斗争。他英勇善战，由士兵成为猛将。在扬子桥战役中，虽被流矢贯肩，仍能拔矢挥刀而前，所向披靡。最后不幸被俘，慷慨就义，不愧为民族英雄。

李庭芝殉国后，真州、通州也相继沦陷，这样淮南全境都已被元军牢牢控制，元军再无北顾之忧，于是开始继续经营东南。当年十月，两浙元军开始向福建大举进攻，这时南宋流亡政权有兵三十余万，但其中只有张世杰的一万多郢州兵是正规部队，其余都是厢军、溃军和新募集的民兵，这样的队伍显然不是元朝精兵的对手，陈宜中、张世杰不敢跟元军抵抗，接到消息后立刻再度南逃，沿海路转移到泉州登岸。

泉州是当时中国的第一大港口，海上航线四通八达，与高丽、日本、勃泥、三佛齐、占城、真腊、天竺、大食等数十个国家都有密切的来往，号称"梯航万国"，南宋在这里建有市舶司，管理贸易商税，并兼管地方行政。当时提举泉州市舶司的是回回商人蒲寿庚，此

人自幼就随父亲来华贸易，至今已有三十多年的时间，在泉州根深蒂固，拥有极强的势力。

南宋流亡政府到达泉州当天，蒲寿庚就登船觐见宋端宗，并请宋端宗入城居住，算是尽了臣子之礼，这时有人劝张世杰，大意就是说非我族类，其心必异，蒲寿庚是个回回人，说不定哪天就会投靠元朝，为了防止出现这种不利局面，最好现在就把他扣住，令市舶司的人不敢轻举妄动。不过张世杰觉得这种做法太不地道，认为还是以德服人比较好，所以并没有听从建议，只是没有让宋端宗进城。

可是没过几天，宋军士兵因为海舟不足，开始强抢市舶司的船只充作军用，并趁机没收了船上的财物，蒲寿庚本来就已经怀了二心，得知此事后立即造反，尽杀泉州城内的南宋宗室、大臣与士兵，派人向元军请降。此时元军已经进了福州，闻讯之后立即回应，南宋流亡政府只得继续向南逃窜，跑到潮州（今属广东）避难。当年十二月，元军就已进入了泉州，仍命蒲寿庚为提举泉州市舶司事，命他招降附近州郡的守臣。

泉州是闽南重镇，此处陷落之后，福建宋军残余势力已无法立足，在汀州开府的文天祥只好经漳州进入广东境内，南宋流亡政府也只能继续南逃至惠州甲子门（今广东陆丰东海口）。可是刚到次年初，粤北诸州就相继向元军投降，然后广州、循州、潮州、梅州等广东重镇也先后落入元军之手，与此同时，元军大将阿里海牙又在广西先后攻克了静江府和邕州（今广西南宁），宋军的东南防线已全线崩溃，败亡只在眼前，幸亏这时元朝北方再次发动叛乱，迫使忽必烈从南线抽调了大量兵力去北方平叛，这才使南宋流亡政府又暂时逃过了一劫。

江西大捷

景炎二年（1277年）正月，文天祥又移兵福建漳州龙岩，他准备攻下梅州，然后再次向江西进军，去主动攻击元军。而元军统帅则认为，宋帝、宋后和大批文臣武将已经投降，宋朝的土地也大部分落在元军手里，小皇帝又跑到海上。文天祥再硬，现在也可以劝他投降。而只要文天祥一投降，大宋也就完了。于是，元军头目便纷纷派人到文天祥那里劝降。

元朝的右丞相唆都、左丞相阿剌罕、参政董文炳、处州降将李珏和南剑州的降将王积翁等人，都认为自己同文天祥有过交往，能够劝降文天祥，于是就你一封我一封地写了劝降信，交给一名叫罗辉的淮军旧将，让他给文天祥送去。他们想，这么多人给文天祥写信，信上说了那么多好话，一定能让文天祥的脑筋变灵活一点儿，自动归顺元朝。

罗辉来到文天祥的大营，将信拿出来，文天祥看也没看就把信撕得粉碎，气愤地说："拉下去，痛打一百大板！"接着，又提笔写了拒降信，让罗辉带回去。这封信义正词严，大义凛然，首先赞扬为国捐躯的将士英勇而壮烈的行为，接着表达自己忠于大宋、甘愿献身的决心，是任何人都动摇不了的，最后拒绝劝降，宣布自己将战斗到生命的最后一息。

文天祥的部下听说以后，拍手称快，士气大振，而元人还不死心，不久，又派了一名叫吴浚的降将前去规劝。

这天，文天祥正在大帐内处理军务，忽然有人来报："吴浚请求接见。"

文天祥一怔，心想，他来干什么？去年派他屯兵瑞金，相机攻取零都，而他却被元军吓破了胆，变节投降了，此次回来定没安好心！

"让他进来！"

"给大人请安！"吴浚进了大帐，一边叩头一边说。

"你这个软骨头，有何脸面回来见我！"文天祥不等他站起来便训斥道。

"小将兵败，走投无路时才归顺了大元……"

"什么大元！胡说！"

"对，对，不是大元，小将当时实在是没有其他办法啊……"

"休要啰唆，你到底干什么来了！"

"我，我……如今元军统帅让我前来，说是大军已占了闽浙，张世杰将军带小皇帝下了海，宋朝气数已尽，您不如……"

"不如什么？也像你一样'归顺大元'，对吧？"

"对，对……不，不，是让您去当大官，识时务者为俊杰嘛。"

"住口，你这个败类，让你去打零都，你却降敌，你还算不算宋人？多少将士牺牲疆场，而你却卖国求荣，今天还竟敢来劝降！"

"小人不敢，小人不敢……小将我这就告辞了……"

"站住！"文天祥猛地站起身来，"今天你休想回去，我要砍下你的头，为牺牲的烈士报仇，要用你的血祭我们的战旗！"

"两国交兵，不斩来使，大人饶命……"

"什么来使，临阵投降，你是叛徒！"文天祥大声说着，"集合队伍！"

部队集合在练兵场，全军将士个个士气昂扬，大旗迎风飘展，光彩照人。文天祥下令将叛徒吴浚拉到军旗下，然后对众将士说："我们义军是抗元救国的军队，军纪严明，执法如山，吴浚临阵脱逃，投降敌军，愧对祖先，愧对大宋，今天斩了这个叛将，来祭军旗，我们定能旗开得胜！"

文天祥一声令下，吴浚人头落地，然后用这个叛将的头和血，祭了军旗。接着，文天祥动员大家做好随时出击抗元的准备。

祭旗后，军心大振，将士们见文天祥这样坚决抗元，而且执法严明，就更加坚定了胜利的信心。

文天祥率领义军，很快就攻占了梅州。

文天祥到了梅州后，他的大弟文璧带了母亲曾德慈、幼弟文璋、二妹文淑孙以及文天祥的妻妾子女前来相会。文天祥从赣州起兵勤王离家以来，已有三个年头未见母亲，如今一家团聚，真是悲喜交集。

文天祥的妻子欧阳氏和姜颜氏、黄氏一共生有二子六女：长子道生、次子佛生，女儿定娘、柳娘、环娘、监娘、奉娘、寿娘。道生等兄妹八人都是十二岁以下的小孩，逃窜在兵荒马乱之中，其艰难困苦可以想见。当他们来到惠州河源县（今属广东）三角村时，劳累和疾病使他们无法再走，定娘、寿娘竟一病不起，童年夭折。文天祥与家人相见时，知二女病亡，痛哭不止。他想自己作为一个父亲，竟不能保护两个弱小的女儿，感到无比愧疚，这成了他内心永远难以消除的伤痛。

梅州在广东东北部，地处南岭南麓。文天祥的部队经过一番整顿，五月从梅州开拔，越过南岭，进入江西，展开了收复江西失地的战斗。

文天祥的部队一到江西，勤王军的旧部和各地的义民纷纷起来响应，一场如火如荼的抗元斗争在整个江西展开了。上至文官武将，下至平民百姓，英勇抗元的事迹层出不穷。

吉州泰和针工刘士昭揭竿而起，带领一帮义军杀进县城，欲驱元寇，由于寡不敌众，他被捕了。在监牢中，他受尽酷刑，宁死不屈，最后咬破指头，在白绸上写出"生为宋民，死为宋鬼，赤心报国，一死而已"十六个字，自缢而死。

吉州莲花厅吴希适起而勤王，效法文天祥散尽家财，招募勤王兵几千人，与蜀、桂勤王兵会师，直取袁州，首战告捷。元兵王梦应部不甘失败，与吴希适交锋，吴希适亲临火线，士气大振，终于打败王梦应，并连取衡州（今湖南衡阳）。

万安百姓怒而抗元，连庵庙寺祠也不能平静了，一个和尚起兵勤王，在旗上写着"降魔军"，并称"时危聊作将，事定复为僧"。

龙泉（今遂川县）孙福（文天祥妹夫）一夜之间纠集勤王兵数千，练枪习箭，养精蓄锐，令元兵望而生畏。

永新彭震龙（文天祥妹夫）出奇制胜，攻下县城，赶走元兵。

各地百姓纷纷拿起武器，组织起来，保卫自己的家园。保家就是保国。

文天祥和他的部队继续前进，前面是古老的会昌城。

连文天祥也没料到，会昌的首战竟如此得心应手，没打上几个回合，驻扎在这里的元军就溃不成军，逃之夭夭。被收复的土地上，又响起了自由的歌声，城里的百姓像闹元宵一样，点燃鞭炮，庆祝胜利。

这时，雩都（今于都）城里的百姓也自动组织起来，并研究了周密的行动计划：烧粮仓，烧军营，烧衙门调虎离山……派人出城与文天祥联系具体的行动时间和信号……

和文天祥联系的人出发后，城里的百姓做好了准备。两天后的傍晚，文天祥亲自指挥大队人马按规定的信号向雩都城发起了进攻。

元军主将率军队守住四个城门，顽强抵抗。城外杀声震天，准备攻城，城内元军剑拔弩张严密防范，双方相持不下。

正在这时，忽有人向元军主将报告："粮仓起火！"

元军守将回头一看，果然火光冲天，便马上下令："撤下一部分人，立即救火！"

一队元军从城墙上抽调下来，前去救火了。元军主将刚定下心来指挥战斗，又接二连三有人前来报告："大营起火！"

"县衙起火！"

"城里有埋伏！"元军主将一面高喊着，一面又抽调大批人马前去镇压。

此时，整个雩都城上空，黑烟缭绕，火光将夜空映得通红。有粮仓、大营、县衙起的火，也有百姓在街道上堆柴草引的火，这就是城中百姓们设的计策，诱使元军从城上撤下来。

四座城门的守军撤下了一多半，这时事先隐蔽在周围的义民，手持棍棒、菜刀冲上去，齐心协力砍倒守城的元军，将城门打开，文天祥带着大队人马如潮水一般冲进城里，和义民一起又冲上城头，杀死守城的元兵，占领了城头。

一队队人马开进城来，四个城门都被文天祥占领，元军成了网中鱼、瓮中鳖。文天祥的队伍和义民一起捉拿元军，就这样几千名元军，除打死之外，全部被俘。

战斗结束，雩都城又回到了宋军手里，文天祥率领军队取得的这次重大胜利，是整个抗元斗争史上从未有过的，它充分显示出宋朝军民团结抗元的巨大力量。

接着，文天祥乘胜攻下兴国县城，又以兴国为据点，分兵攻打赣州和吉州，一连收复了赣州所属各县，吉州八县收复了四个，文天祥的军队大有席卷赣南之势。

文天祥在江西连连获胜的消息，一传十，十传百，一下子传遍了全国，极大地鼓舞了各地人民的斗志，他们纷纷起兵响应，其势锐不可当。湖南各地也组织了许多抗元的武装部队。湖北、淮西等地区受湘、赣胜利的影响，也掀起了抗元斗争。斗争烽火燃遍各地，出现了自抗元战争以来从未有过的大好形势。

文天祥之所以能够取得江西大捷，其原因首先在于南宋各地都有大批爱国志士，他们憎恨元兵的侵略，为了保家卫国，不怕牺牲，只要有人出来号召，他们就会立即行动起来，纷纷投入抗元斗争的热潮。其次，当时元朝内部蒙古诸王的内讧及高丽发生的动乱，使大量元军精锐部队被抽调北返镇压叛变，从而大大缩减了侵宋的兵力，这也就为宋军的抗元战争取得胜利创造了客观条件。

可是，文天祥经略江西的大好形势维持得并不久，随着元朝内乱的平定和元军的增援，战局迅速恶化，抗元斗争走上了更加艰难的道路。

空坑受挫

景炎二年（1277年）七月，文天祥的江西大捷使元廷大为震动。于是元廷设置江西行中书省，以塔出为右丞、麦术丁为左丞，李恒、蒲寿庚、程鹏飞为参知政事，并以江西宣慰使李恒为招讨使，命他自隆兴率领大军前去征伐。

面对元人强大的攻势，文天祥设法收拢部队，一面与元人周旋，一面争取机会撤向江淮。他想北上与邹㴖的大军会合，不料邹㴖也遇上元军，于是只好当机立断，率部队且战且退，向东南方向撤去。

一心想早点消灭文天祥的元军统帅李恒，在兴国没能消灭文天祥，便率部队穷追不舍。

李恒率大军一连追了二三百里，于八月十七日清晨，在庐陵东固的方石岭追上了文天祥，文天祥又陷入了困境，情况非常紧急。

督统制巩信是一员老将，他诚恳地对文天祥说："文大人，您赶快撤走吧，我带几十个弟兄在这里掩护。"

"不，要死就死在一块儿，今天咱们就在这里决一死战！"文天祥举起剑说道。

"不能啊，文大人，"巩信再次恳求，"国家少了我一个巩信没什么，可不能少了您啊！大人以国事为重，赶快带上部队走吧，到了南方还要拯救大宋呢！"

文天祥用泪眼望着这位老战友，领着部队继续向前走去。大部队刚一离开，李恒就领着大队人马赶来了。

巩信身边只有几十名步卒，怎么能阻挡住大队元军呢？于是，老将巩信急中生智，令几十名士兵分别占据有利地形，一面死守住山口要道，一面呐喊助威，设下疑兵阵。

元军沿山路冲了上来，巩信等人沉着应战，几十名英勇的战士用刀、枪将冲上来的元兵打得落花流水，元兵鬼哭狼嚎地滚下山去。几十名士兵一边打一边不断地喊："文大人，我们先顶住，你们准备好啦，多杀元兵为我们来报仇啊！"

"杀啊！上来多少，咱们杀多少，快快上来送死呀……"

元军攻了几次也没攻下这个山口，死伤了不少人。李恒见巩信等人如此死守不退，竟敢以寡敌众，便怀疑后面一定有大批伏兵，这几十个人是在诱敌。于是他下令元军全都退下来，只许在远处放箭，不许贸然进攻。

一时箭如雨下，纷纷向英雄们飞来，巩信身上中了数箭，其他勇士身上也都中了箭。但是，他们不肯后退半步，他们知道，只要自己一离开山口，元军的骑兵就会从这里通过，追上文天祥。几十个人咬牙坚守着，尽量拖延时间。箭伤发作，巩信站立不住了，就让士兵扶他坐在路旁的一块大石头上，负伤的士兵也靠着岩石，支撑着不让自己倒下去。

元军放了许多箭，而远远望去，巩信带的几十人，仍在坚守阵地。心虚的元兵，你看看我，我看看你，谁也不知道是怎么回事，也都不敢往上冲，生怕中计。

李恒让人抓来一个附近的百姓，逼他带路绕到山后，这才发现并没有埋伏。他们来到扼守山口的宋军旁边，只见巩信和士兵浑身箭伤，鲜

血从身上流下来，滴洒在大青石上，英雄们已全部牺牲了，在抗元战斗中，他们流尽了最后一滴血。

李恒见文天祥已经走远，继续驱兵紧追。八月二十七日，文天祥到了永丰县空坑。士兵们因疲惫不堪，一到空坑，就倒地而睡。文天祥借宿在山前陈韩师家。

当天夜晚，文天祥得报，元军追兵已逼近空坑。元军来势汹汹，锐不可当。同督府中多是官员和随行家属，兵力有限，根本不是元军骑兵的对手。情况紧急，刻不容缓。陈韩师立即送文天祥从小路出逃。同督府的士兵不知文天祥去向，只得猜测文天祥的所在，疾速赶去护卫。元兵追骑冲进空坑，责问文天祥下落，见无人知晓，就攻破山寨，进行了一场血腥的大屠杀。

再说文天祥出逃后，见有士兵赶来护卫，就命五百弓手砍山林为鹿角，布置路障以阻元兵。这时，永丰一带百姓见元兵杀来，也纷纷扶老背幼，惊慌逃窜。山路狭窄，难民壅塞，文天祥等人行进十分困难。天明时，虽然大雾弥漫，方丈之内难辨人形，可是路障和大雾都阻挡不了元兵的急追，文天祥已能清晰地听到身后追兵的喧闹声。元兵将到身边，文天祥急忙继续前奔。正在这千钧一发的危急关头，山顶上突然落下一块巨石，此石大如数间房屋，塞住了文天祥身后的道路。当元军追骑迂回绕过巨石，文天祥已经远去。

由于巨石帮助文天祥这位爱国志士逃过了劫难，人们就称它为"神石"，后人还在此建了神石亭。

元兵仍穷追不舍，文天祥躲到杂树林中。因元兵追将囊加歹贪收宋军溃兵的金帛，耽误了时间，文天祥终于脱离了险境。

文天祥仓促出逃后，五百名护卫他的弓手力不能支，有几个负伤的弓手回到文天祥的夫人欧阳氏身边。欧阳氏正惊问其故，元兵追骑已林立在她的面前。欧阳氏与文天祥的次子佛生、二女儿柳娘、三女儿环娘

以及环娘的生母颜氏、佛生的生母黄氏，都成了元兵的俘虏。欧阳氏在被押往元军大营的路上，一心想在深水险崖处自尽殉国，以免受敌人侮辱。岂料沿途一路平坦，致使欧阳氏没有自杀的机会。当欧阳氏等被押到李恒那里时，却不见了佛生，在那兵荒马乱的时刻，谁也不知道他的下落。李恒把被俘的欧阳氏和文天祥的其他家属送往元朝的京城大都。

空坑溃败，伤亡惨重，有二十多位将领被俘，有的慷慨就义，有的自杀殉国，还有一部分人历尽千难万险逃脱了元兵的追捕。今将同督府几位主要将领的遭遇记述于下。

赵时赏，官至军器监、江西招讨副使，为同督府参议官。空坑陷落时，他追随文天祥出逃。因他风姿伟然，体型颇像文天祥，便故意坐着轿子。当元兵追上他时，大声喝问："你是谁？"他回答："我姓文。"元兵以为他是文天祥，就一拥而上，将他俘获。文天祥在出逃路上，听到身后人声喧闹，正是元兵追问并俘获赵时赏之时。赵时赏之所以这样做，是宁愿牺牲自己，也要让文天祥逃走，为收复大宋江山留下一线希望。后来，赵时赏被押赴隆兴元军元帅府，他坚强不屈，大骂敌人。他见到有许多同督府将官不断被俘押而来，为了保护他们，就对元兵说："小小签厅官耳，执此何为？"同督府不少官员因此得到释放。元兵终于识破了赵时赏的真实身份，赵时赏仍骂不绝口，惨遭杀害。

刘沐，为文天祥督帐亲卫。空坑兵溃时，他因劳累过度而身患疾病，但仍率军殿后，竭力护卫文天祥，不幸被俘押至隆兴。元兵对他施行诱降，他怒骂敌人，斥责元军非理侵宋，元兵恼羞成怒，将他磔死。他的长子同时被杀。次子刘贡元也死于空坑乱兵之中。他的第三个儿子被文天祥收留了，后来又死于广东。刘沐父子四人，皆死于国难，令人痛心。

张汴，官至秘阁修撰、广东提举，为同督府参谋官。空坑溃败时，他换了士兵的衣服，躲在草丛中，结果仍死于乱兵之中。后来，邹㵦找到了他的尸体，才得以棺殓。

缪朝宗，官至环卫、知梅州，经管同督府军事器械，为人精练干实，孜孜奉公。空坑之败，他不愿被敌所俘，自缢于山间。

吴文炳为督府架阁，林栋任督遣，他俩都是福建人士，空坑之败后均被俘至隆兴遇害。

杜浒，景炎帝即位后，封他为司农卿、广东提举、招讨副使，并为文天祥南剑州同督府参谋官。曾被派往永嘉、台州招兵集财，准备组织抗元义军。福安沦陷后，他与文天祥失去了联系，就去行朝。苏刘义怀疑他来自敌占区，欲杀他，被张世杰、陈宜中阻止，派人监管。后来，又奉命到文天祥同督府。空坑溃败后，他继续紧随文天祥，艰难跋涉，同甘共苦。

邹㵦，因收复兴国、永丰二县，由江西安抚使晋升为兵部侍郎兼江东、西处置副使。同督府命他屯兵兴国、永丰间，以接应江淮。永丰之败后，他又追随文天祥，在空坑之战中，他率领残部，冒着刀林箭雨，与元兵殊死搏斗，死伤涂地，仍不肯退却。最后，幸而脱险，窜身溪峒，联络各地豪杰，继续组织抗元斗争。

刘子俊，文天祥开府兴国时，他前来计事。空坑溃败后，他收散兵于洞源，接应各州县。

萧资，系文天祥幕下书吏，为人厚道，生性和蔼，深受众人信爱。元兵占领江西后，他护卫文天祥的老母和家属逃难到广东，在患难中尽力扶持，又陪他们到梅州找到了文天祥。空坑溃败时，他又护卫文天祥的母亲，并保全了同督府的大印，因功升为合门、路钤辖，并成为文天祥的心腹之人。

陈子敬，同督府兵败，他聚兵黄塘，联结山寨，不降。元军以重兵袭击其寨，寨溃，他下落不明。

椸杞，为同督府机要秘书。许由、李幼节，均为督干架阁。空坑败后，下落不明，更不知所终。

曾明孺与二哥曾良孺均被署为兵部架阁，住在同督府中。空坑溃败，文天祥出逃，明孺装死躺在尸体堆中，得以免难。然后，他又收集散卒，与良孺继续追随文天祥抗元。

此外，文天祥的长子道生，生性机敏，深受祖母曾德慈的钟爱。不幸在战乱中随家漂泊，后在梅州找到了父亲。空坑溃败时，他才十二岁，幸喜能脱身自全，依然回到了父亲和祖母的身边。

在文天祥兴国失守、空坑溃败前后，原被宋军收复的吉州各县重又沦陷，其他江西、荆湖、福建各地的抗元斗争也相继失败。

景炎二年（1277年）七月，李恒派宋降将刘槃进攻永新。刘槃是永新花溪人，曾因有功于宋朝，被破格提拔为知岳州，后又任隆兴府转运判官。德祐元年（1275年）十一月，元兵攻隆兴。宋都统密佑奉命支援隆兴，但在他未到隆兴时，刘槃因贪图官禄，已经卖身投敌，被任为权知隆兴府。刘槃因素来行为不端，被永新士人所厌恶，他这次来攻永新，欲乘机报复以泄私愤。永新军民在彭震龙领导下，昼夜守城不懈，并盼文天祥派兵来援。不料因吉水、永丰等县于五月间收复后又被元军夺去，文天祥正派兵围赣州，捣永丰、吉水，攻太和，无力顾及永新。永新军民等候援兵不至，只得孤军奋战。永新弹丸小城，虽内无粮草，外无援兵，"震龙等犹城守誓弗下"。李恒见永新久攻不下，申斥刘槃，刘槃便派亲信潜入城中为内应，于七月十九日破城。彭震龙被俘大骂刘槃，元兵将他押至吉州腰斩；张履翁、萧敬夫、萧焘夫、颜思理也皆不屈而死。永新城破后，彭震龙的余部迅速汇集，继续坚持抵抗。八月初二，义军因寡不敌众，被围在城西五里皂旗山至袍陂下渡口的峡谷中。刘、颜、张、段、吴、龙、左、谭八姓豪杰誓不降元，又不甘心被敌人所杀，便率族人三千余人，全部跳下袍陂潭水而死。因此后人称此潭为"忠义潭",并在潭边建"忠义祠",每年八月初二前往致祭,此祠至今尚存。

元兵进攻龙泉县,知县孙桌率众坚守,元兵久攻不下。后来孙桌为亲党所卖,被俘,遇害于隆兴,元兵将其家属全部押往大都。文懿孙陪着婆婆,携带着儿子肖翁、约翁及一个女儿,虽历尽艰辛,无依无靠,但仍能在患难孤苦中侍奉长辈、教养子女,坚守礼义和民族节操,令人敬佩。

同督府溃败后,督干架阁监军萧明哲回到家乡太和县,联络野陂诸寨义兵继续抗元。元兵至太和,萧明哲被俘,受害于隆兴。临刑,他大骂敌人,闻者壮之。刘士昭兵败后,以血书帛:"生为宋民,死为宋鬼,赤心报国,一死而已。"然后用此帛自缢而死。同时,跟随文天祥抗元的太和野陂人胡文可,在同督府溃败时被元兵所俘,后伺机逃脱,又集兵赴难,至径口,不幸因马蹶而死。直至元朝灭亡南宋后,胡文可的弟弟胡文静仍慷慨欲有所为。元兵将血洗太和,并捕获胡文静,对他进行诱降。胡文静坚强不屈地说:"吾宁死不负宋!"元兵杀胡文静,又屠其家族数百口。当时人们因有感于胡文可、胡文静兄弟殉国之事,称胡氏为"勤王家"。

在袁州,文天祥曾派刘伯文前去发动抗元斗争。景炎二年(1277年)七月初四,刘伯文刚到袁州仰山庙祝汤氏家,因仆从酒醉漏言,被元军巡兵发现前来搜查,搜出许多同督府文书。刘伯文独自承担,不连累一人,被斩于袁州市上,家属被俘押往大都,幸存之二子以屠沽为生。

在景炎二年(1277年)八月,只有南安军的李梓发与黄贤仍在坚持为宋守城。直到元至元十六年(1279年)三月十五日,也即南宋灭亡后的第四十天,在元军的猛攻下,南安城才被攻破。元兵进行大屠杀,李梓发全家自焚殉国,县民多杀家属继续巷战,犹杀敌过当。南安军民的

抗元斗争，可歌可泣，值得大书特书，以彪炳史册。

在江淮，景炎二年（1277年）九月，元将昂吉儿领兵袭破了司空山寨；接着又攻占黄州，杀死张德兴并俘去其二子。傅高逃走，虽隐姓埋名，仍被元兵寻获而死。

在湖南，由于永新失守、同督府溃败的消息传来，那里的抗元军以为大势已去，纷纷退走，已经收复的湖南各县再次沦陷。只有陈子全仍率所部据险等待同督府命令，元兵日夜环攻，陈子全胸口中流矢而死，其子尽被俘杀，妻子及所有家属都死在狱中。

 南岭被俘

江西抗元失败，福建的形势也不妙。景炎二年（1277年）九月二十二日，元参政也的迷失占领邵武，进入福安。张世杰派部将谢洪永进攻泉州南门也不利，因蒲寿庚买通了攻城的畲军，得以从小路出城求救于元军元帅唆都，唆都来援，张世杰只得解泉州之围。而这时宋帝赵昰的御舟正从惠州甲子门转移到了潮州浅湾（今广东饶平南澳岛），张世杰便回到浅湾行朝。于是，元帝下诏命左丞塔出与李恒、吕师夔等率步兵入大庾岭，忙兀台、唆都、蒲寿庚及元帅刘深等以舟师下海，水陆并进，合追宋帝赵昰和卫王赵昺。

十月十一日，唆都至兴化，陈瓒闭城坚守。唆都到城下劝降，城上矢石雨下。元兵造云梯、炮石，攻破兴化城。陈瓒以死自誓，巷战终日，结果被俘车裂而死。元兵对兴化居民进行了大屠杀，血流成河，汩汩有声。

元军在与宋军开展拉锯战期间，对福建各地汉族军民大肆杀戮。

他们还经常深入山区、乡村，进行扫荡和掳掠。广大福建的百姓，尤其是闽北的农民，家破人亡，遭到了空前的浩劫。如十月十三日，元兵杀到建阳各地乡村，农民大量死亡，幸存者寥寥无几。虽然幸存者躲进深山，但仍终日惴惴不安，唯恐难逃大劫。农民们甚至乞求神灵，恳求地方尊神"许夫人"保全性命。

这时，南宋行朝的处境也十分凄惨。他们在海上漂泊，老是东躲西藏，唯恐元兵追来。小朝廷中官员不多，却充满矛盾。一切政务都很疏略。赵昰的生母杨氏虽然当上了皇太后，垂帘听政，却仍可怜巴巴地自称为"奴"，一切听任陈宜中、张世杰的摆布。只有陆秀夫态度十分严肃，每次朝会总是正笏而立，但不禁常常凄然泣下，以朝服拭泪，以致朝衣尽湿，左右也无不悲恸。

十一月，塔出命唆都取道泉州，从海路去广东官富场（今广东深圳宝安西）与吕师夔会师。唆都在攻破兴化后，乘胜占领漳州，继而进攻潮州，但遇到了宋知潮州马发的竭力拒守。他恐会师失期，只得放弃潮州到了惠州，与吕师夔会师同往广州。十一月初五，塔出围广州，广东制置使张镇孙及侍郎谭应斗以城降元。两个月后，塔出拆毁了广州城。

十一月，刘深率舟师攻赵昰于浅湾，张世杰拒战不利，就带着赵昰等先逃到官富场，再逃往秀山（今广东珠江虎门内的虎头山）。山中有居民万余家，张世杰买当地富民的宅院让赵昰等居住。谁知到了秀山，士兵多病死，张世杰等又向井澳（今广东珠江口外澳门南）转移。不料在此困难时刻，身为左丞相兼枢密使、都督诸路军马的陈宜中对抗元斗争完全失望，他因贪生怕死，竟以借兵为名，抛弃了皇帝和满朝文武，逃往占城（在今越南境内），从此销声匿迹，永远不再回来，据传后来死在暹罗。

十二月二十二日，张世杰、赵昰等到了井澳，就遇上一场飓风，恶浪如山，许多船只沉没海中，士兵溺死大半。虽然皇帝和大臣们乘坐的大船未被飓风吹翻，但年幼的赵昰却因惊吓得了重病。真是祸不单行，张世杰和陆秀夫收拾残兵的工作刚刚结束，第二天，刘深又率水军来攻井澳。行朝只得仓皇逃向珠江口外的谢女峡（今香港九龙），再次在海上漂浮。

在汪洋大海中盲目漂泊总不是办法，张世杰也想去占城，以为陈宜中在那里联络抗元，结果未成。南宋行朝经过一个多月的东躲西藏，于景炎三年（1278年）二月回到广州。当时广州已被元兵占领，而且塔出又命唆都回攻潮州，马发坚守二十余日，终于败死，唆都大肆屠杀潮州人民。面临这种形势，三月间行朝只好再向碙洲（"碙"音"挠"，即今广东湛江以南硇洲岛）迁移。

文天祥从空坑逃脱后将何去何从呢？他是绝不会屈服的。他想行朝还有四十多万人的军队，完全可以要求行朝增派兵力，再与元军决战。可是，行朝逃往海上，行踪不明。于是，文天祥收集残部，带了老母和家属，决定南下广东去寻访行朝的下落。景炎二年（1277年）十月，他再入福建汀州，然后出江西会昌，经安远（今属江西），十一月到达广东循州。这时，早先派往漳、潮州组织抗元斗争的同督府将领陈龙复聚兵循、梅，前来会合。后来，文天祥又派他去潮阳建立同督府分司，积粮治兵，以接应各路。

文天祥到循州时，正逢元将刘深、唆都等率领水陆大军在广东追赶南宋行朝，道路堵塞，消息断绝，文天祥难以行动，便屯兵南岭（今广东紫金县东南之南岭），据险自保。当时，同督府官兵的生活十分艰苦，军中无烛，夜燃生竹照明，山林中多蚊虫，士兵们不能安睡。这时因元兵攻广州，知广州张镇孙投降，同督府将领黎贵达抗元决心动摇，也阴谋叛变，被文天祥发觉，立即将他斩首。

文天祥在南岭度过了冬天，于景炎三年（1278年）二月，进军惠州海丰县（今属广东），三月屯兵丽江浦（今广东海丰西南长沙港），并派人四处寻访行朝下落。也就在三月间，宋朝的请降使者倪宙到了元大都，元帝召塔出等回北方商议如何处置赵昰、赵昺事宜，留唆都、蒲寿庚于福州负责福建行省事务并镇抚沿海各州。元兵的进攻有所放松，宋都统凌震、王道夫乘机收复了广州。文天祥命文璧收复了惠州。潮、循、梅三州也反元归宋。

三月，即与文天祥屯驻丽江浦的同月，赵昰正迁到碙洲。当时，曾渊子起兵据雷州，不听元兵劝降，元兵进兵攻击，他就投奔碙洲行朝，行朝任他为参知政事、广西宣谕使。然而，南宋行朝刚在碙洲落下脚步，四月十五日，年仅十一岁的皇帝赵昰突然病死。皇帝一死，军心大为动摇，许多人以为这是行朝即将灭亡的不祥之兆，纷纷准备各寻出路。在此关键时刻，陆秀夫挺身而出，他慷慨激昂地对众人说："度宗皇帝一子尚在，将焉置之？古人有以一旅一成中兴者，今百官有司皆具，士卒数万，天若未欲绝宋，此岂不可为国邪！"在陆秀夫的鼓励下，四月十七日众人共立年仅八岁的卫王赵昺为帝，杨太后仍垂帘听政。陈宜中去占城后，因他与张世杰有矛盾，屡召不回，行朝就以陆秀夫为左丞相；拜张世杰为太傅、枢密副使。四月二十二日定赵昰的庙号为"端宗"。五月初一改元祥兴。陆秀夫虽任左丞相，但实际上行朝仍由张世杰秉政，他只不过是张世杰的助手，做些处理军务、调派工役等事，同时每天为小皇帝讲授朱熹的《大学章句》。

流亡朝廷进驻碙洲后，因缺乏粮食，派人到琼州（今海南岛海口）征粮。但从琼州到碙洲的海路滩浅水急，转运困难，中途还会遭到雷州元兵的邀击，于是行朝派张应科、王用领兵去攻取雷州。张应科三战不利，王用降元。六月初五，张应科收兵又战，败死。宋知高州李象祖也降元。张世杰又亲自领兵包围雷州城，城中粮绝，士兵食草，元兵运粮来救，张世杰只得退兵。

流亡朝廷无法继续留在碙洲，六月初七又迁往新会的崖山。崖山在新会县南八十里大海中，与西岸的奇石山相对，势如两扉，东南控海，西北皆港，历来都是海上镇戍之地，张世杰以为天险可守，决定在此安顿下来。行朝把赵昰的灵柩暂时殡于香山县（今广东中山）马南宝家。张世杰派人入山伐木，建造行宫三十余间、军营千余座。正殿称"慈元殿"，让杨太后居住。九月初一，又把赵昰的灵柩从香山县移葬到崖山寿星塘永福陵。当时朝廷尚有官军和民兵二十余万人，他们多住在船上，生活所需的物资和粮食取办于广西各州和海外四州。张世杰还大造船只和器械，直到十月份才完工。

五月间，文天祥得到了赵昰驾崩和赵昺继位的消息。

六月间，文天祥将同督府移至海滨的船澳，要求入觐皇帝，却被张世杰所阻。文天祥为了去崖山觐见皇上，陈述复国大计，并会合张世杰的兵力共同抗元，要求移军入朝，结果张世杰却以迎候陈宜中还朝为借口，拒绝文天祥来崖山。其实，因张世杰以枢密副使的身份在朝秉政，并拥兵自重，害怕德高望重的枢密使文天祥来到行朝，自己将受其节制，故而不让文天祥来。同时，那些由陈宜中提拔的将领，习惯于陈宜中对他们的宽纵，畏惧文天祥的威严，也不欢迎他来。

文天祥到不了崖山，便打算去广州，以那里为规复荆湖的根据地。可是，刚收复了广州的凌震、王道夫也怕文天祥一来将使自己的大权旁落，就耍了一个花招，表面上派船去迎接文天祥，但船开到中途就散了回来。文天祥去不了崖山，也去不了广州，只得仍旧困守在船澳。

八月，朝廷为了安慰文天祥，在封张世杰为越国公的同时，加封文天祥为少保、信国公，并封其母曾德慈为齐、魏国夫人，同都督府官员也各升官爵，还赏金三百两犒军。

文天祥艰苦奋斗，他一心想的是抗元救国，不是为了要这一堆封号。而当时疫病流行，同督府已死了数百人，文天祥本人也几次得病。虽他多次请求移军入朝，行朝却一味拒绝。这使文天祥既感到委屈，又十分愤懑，他写信给陆秀夫抗议说："天子幼冲，宰相荒遁，制诏敕令，出诸公之口，岂得不惜军士，以游词相拒？"因张世杰手中掌握着军队，陆秀夫本人也受其控制，他在收到文天祥的信后，除了长叹以外，无法给予答复。

曾德慈在得到齐、魏两国夫人称号前，已经染上了疾病。文天祥一面要文璋侍奉老母汤药，一面派人通知在惠州的文璧。文璧闻讯立即赶往船澳。可惜未等文璧到来，曾德慈已于九月初七寅时与世长辞，享年六十五岁。文璧在途中得到噩耗，号啕痛哭。在曾德慈入殓时，在场的子女除了文天祥、文璧、文璋兄弟三人外，还有二妹文淑孙。至于文天祥的大妹文懿孙，已被元兵俘往元大都。

赵昺登基后，杨太后依旧垂帘听政，然后向元朝派出乞和使者，希望忽必烈能够收起虎狼之心，给立国已经三百余年的宋朝留条生路。

祥兴元年（1278年）六月，赵昺派出的乞和使者来到大都，忽必烈特地为此召集群臣，商议对策。这时有人建议忽必烈再下诏书，招降南宋流亡君臣，但忽必烈认为这个流亡政权已经到了穷途末路，不值得再下一次诏书，只需用武力解决，因此急召江东宣慰使张弘范入京，授予他蒙古汉都元帅之职，委托他率兵彻底消灭南宋的残余势力。

张弘范是元朝开国元勋张柔的第九子，在元朝享有很高的权势，不过忽必烈在灭宋之后实行了落后的民族政策，将境内的人民划分为四等，蒙古人为第一等；色目人为第二等；南宋灭亡前归附元朝的金人、汉人、契丹人被称为"北人"，为第三等；南宋灭亡后的新附民被称为"南人"，为第四等。张弘范虽然功高权重，但由于是汉人，只能算是元朝的三等公民，政治地位低下，带兵打仗还勉强可以，可担任大军的主帅恐怕难使国内的上等公民们心服口服。张弘范本人也有这方面的顾虑，受任之后就极力推辞，力请忽必烈派出元朝重臣为主帅，总理灭宋事宜。不过忽必烈也许是认为消灭南宋残余势力已经不是一件了不得的大事了，没必要派重臣出马，因此未予同意，仍以张弘范为南征主帅，并赐尚方宝剑一把，号令蒙汉诸将。

当月，张弘范从大都返回扬州，开始调兵遣将，为南征做最后的准备，而与此同时，南宋大将张世杰则奉新君重返广州沿海，屯驻于崖山。崖山在广东新会以南八十里的海上，南北纵亘二百余里，与西面的汤瓶山相对而立，两山一衣带水，中间形成一座天然的港湾，不失为一处易守难攻之地。张世杰鉴于西走占城的出路已被封死，流亡政府已无处可逃，所以准备据险自守，于是传命在这里大兴土木，造行宫三十余间，军屋千余座，做长久打算。这种安排无所谓合理或不合理，因为当时两国的实力相差过于悬殊，已经不具备可比性，所以不管张世杰如何布置，都无法摆脱最终覆灭的必然结果。史载就在南宋流亡政府转移到崖山之后，突然"有大星东南流，坠海中，小星千余随之，声如雷，数刻乃已"。如此恶劣的天象，似乎预示着南宋君臣即将迎来的惨烈命运。

祥兴元年（1278年）十月，元朝大军分道并进，主帅张弘范率领水师经海道南下，副帅李恒率步骑自梅岭进入广东，约期会师于崖山，与此同时，元军大将阿里海牙也在广西发兵，配合元军主力行动。十一月，元军副帅李恒首先逼近广州，宋军守将王道夫弃城而逃，使广州再度落入元军之手，而元军主帅张弘范也在此时由漳州上岸，不久后又收到谍报，称南宋重臣文天祥正屯兵于潮州，张弘范立即便派前锋张宏正、总管囊加歹率五百轻骑突袭。

文天祥在领兵经过潮阳县东郊三里的东山时，曾去拜谒纪念唐代爱国志士张巡、许远的"双忠庙"，并作《沁园春》词一首。

文天祥一生以"忠孝"二字作为自己的行动纲领，并认为这也是所有人应当遵守的道德原则。而今皇帝昏庸，臣子无耻，他们之中有许多人抛弃民族节操屈膝投敌，这究竟是谁在违背做人的纲常？想唐朝安

禄山叛乱时，张巡、许远共守睢阳，虽内无粮草，外无援兵，仍坚持数月，结果城陷被俘，不屈而死。文天祥以为，只有像张巡、许远这样的爱国志士，才值得千万代后人敬仰。人生苦短，应当努力去为国家干番事业。他希望那些卖国奸雄在经过"双忠庙"时，好好反省一下，以免被人唾骂。文天祥在这首词中，表明了自己为国尽忠的心迹，同时对谢道清、陈宜中之流屈膝投敌、认贼作父等卑劣行径做了尖锐批判。

同督府军自空坑溃败后，在缺给养无后援的情况下，长途跋涉，风餐露宿，非常艰难地来到广东，既要与元兵周旋，又遇到了疫病的袭击，兵力损失惨重，几乎到了人仰马翻的地步。就在文天祥拜谒"双忠庙"时，他的坐骑竟倒死在庙前。文天祥沉痛地掩埋了马的尸体，后人立碑纪念，题曰"文马碣"。

在同督府屯驻潮阳期间，文天祥还曾登临潮阳以南海门（今广东潮阳海门）的莲花峰。莲花峰仅数丈，峭壁陡立，状如莲花。文天祥登上岩石，遥望南海，心潮澎湃。他想到自己千辛万苦，出生入死来到广东，原想得到朝廷的支持，为抗元复国而继续战斗，虽肝脑涂地也在所不惜。自己的一片忠心，天地可鉴。可是，行朝却拒绝他去觐见皇上，把他孤零零地抛弃在这时刻可能遭到敌人攻击的海边。皇帝虽想保存社稷，但只知远遁，毫无抗元决心，大宋朝的前途何在？想起这一切，文天祥不禁热泪长流。明人漆嘉祉曾在《莲花峰吊文信国》一诗中描述了文天祥的这种心境，并发出由衷的感叹：

> 风狂星陨天似老，崖门尚梦长安道。
>
> 少帝旌旗极目中，孤臣血泪盈怀抱。
>
> 抱此悠悠无尽时，倚剑莲峰剑欲飞。
>
> 披发偏成辛有恨，抚膺惟有太阿知。
>
> 片石长留无义旅，我来棉阳谁与语？

孤臣血泪盈怀抱

此心此憾千古同，拜公如公拜张许。

　　丧母之痛尚未过去，文天祥在潮阳又得到一个凶讯。十一月初九，道生也因病死于惠州文璧的州衙中，只活到十三岁。道生是文天祥的嫡长子，自幼聪明机灵，尤为祖母所钟爱。空坑溃败时，佛生失踪，文天祥听说他已死去。道生虽脱逃归来，不料又幼年夭折。文天祥失去了这一根独苗，对他该是多么巨大的打击，教他怎能不哀伤欲绝。

　　文天祥心想道生、佛生都已死去，自己断了后嗣，便从潮阳写信给在惠州的文璧，要求将他的次子文升过继给自己为子，以续宗祠香火。文璧爽快地答应了哥哥的要求。

　　十一月的一天，文天祥从一艘由明州漂到潮阳的海船中，俘获元军水兵二十余人，得知张弘范正率大军分水陆两路进入广东，即将来攻潮州。文天祥立刻将此情况报告朝廷。

　　十二月初，广州失陷，张弘范的舟师将至，敌人来势凶猛，同督府明显不是对手，看来在潮阳待不下去了，文天祥率部移往海丰（今属广东），准备进入南岭，筑寨据险自守。

　　十二月二十日中午，文天祥的部队转移到了海丰北面的五坡岭。这里过去就是南岭山区，没想到，元军很快又追上。狡猾的元军步卒装扮成"乡人"向文天祥的队伍不断靠近。邹㵢走在部队的后面，当他发现那些"乡人"，没有介意。而那些"乡人"真的向他袭来，并冲向文天祥时，他已无法还击了。这位跟随文天祥出生入死多年的抗元英雄痛心自己殿后无功，也不愿做俘虏，便举刀自刎。幸被部下所阻，一起退入南岭山中。过了十多天，他终因伤口发作，不幸而身亡。

　　文天祥这时正在五坡岭上吃午饭，见后面走来一些"乡人"，就问身边的人："那边来的是什么人？"身边人答道："是捕鹿的乡人。"他们万万没有想到敌人会这么快就到了。

看到元军猛扑上来，文天祥大惊，拔出宝剑，高喊："是生是死，在此一战，绝不投降。"他和部下左杀右挡，但寡不敌众，终不能突围。这时，他举起宝剑正想自刎，部下忙将剑夺了过去。他又从怀中掏出藏在身边的二两脑子（冰片，一种毒药）吞下去，想以身殉国，谁知药力失效，只是头昏目眩，腹泻不止。就这样，文天祥和他的一些部下被元军俘虏了。

刘子俊离文天祥较远，本来可以走脱，但是为了救文天祥，他便学习赵时赏，也假装文天祥引诱元兵。他大声喊："我就是文天祥，你们有种的就过来吧！"他想把敌人引过来，好让文天祥走脱，谁知文天祥已吞了毒药，落在敌人手里，而他也成了敌人的俘虏。

当两队元军各自押着自己的俘虏向山下走去时，都称自己抓到了文天祥，追问他们所俘的人，也都自称是文天祥，一时真假难辨。

元兵一直把他们押到大营中，元将里有在皋亭山见过文天祥的，这才断定刘子俊是假冒的。凶残的元军下令将刘子俊活烹了。

文天祥的部下，大多在此战役中殉难或被俘。元兵将文天祥押解到潮州，献给他们的元帅张弘范。

第八章

留取丹心照汗青

天荒地老英雄丧，国破家亡事业休。唯有一腔忠烈气，碧空长共暮云愁。

这诗句的大意是，天地荒凉，大宋灭亡，自己将要死去，国破家亡，自己复兴宋室、恢复中原的事业也不能实现了。只有一腔忠君报国、坚贞不屈的浩然正气，充塞蓝天，带着忧愁怨恨与暮云一起飘浮。

崖山覆灭

文天祥被押到了元军主帅张弘范的大营前，押解文天祥的将官嘱咐他说："见到张主帅，必须下跪。"文天祥骄傲地说："当年我会见伯颜、阿术都不曾下跪，今天我也绝不会下跪的！"

元军将官非常吃惊，大声喝问道："哪里有不跪的道理？"

文天祥觉得不屑同他讲道理，便爽快而干脆答道："宁死也不跪！"

元军将官无计可施，只得去请示他们的元帅张弘范，并一再要求把文天祥杀了。张弘范曾在临安皋亭山大营中见过文天祥，并领教过他那宁死不屈的英雄气概，他知道自己无法使文天祥屈服，而自己又无权杀这位宋朝的宰相、枢密使，只得对手下说："杀了他，反倒成全了他的忠义之名，不如以礼相待，以显示我的宽宏大量。"

因此，张弘范让人将文天祥带到大帐中，并亲自为他解下绳索，然后装出一副彬彬有礼的样子说："文丞相请坐，请坐，咱们来谈点正事。"

文天祥坚定地说："要杀则杀，我跟你可没有什么话可说的。"张弘范并不气恼，只是一个劲儿地尽挑好话来说："不，不，文丞相，你误会了，我并不想杀你……"

"那你就是想图得一个爱贤惜才的虚名吧！告诉你，办不到！"文天祥不等张弘范说完，就一语道破了他的心机，并且严厉地说，"你不杀我，我就自杀，给我一把剑！"

"想死，哼！没那么容易！"张弘范急不择语地说，显然他有些不耐烦了。

"张弘范，你也是一个汉人，如今却帮助元军攻打大宋，如此叛臣

174

逆贼，将来你有何面目去见你的列祖列宗！"文天祥满腔怒火骤然爆发出来，大骂这个蒙古汉军都元帅。

张弘范气愤至极，但又不好发火，只好先将文天祥关押起来，并从俘房中找来文天祥以前的随从，继续服侍他。张弘范想：别看现在文天祥强硬，应该慢慢会软下来，过些日子攻打隋山，还得要让文天祥出面劝降张世杰呢！于是张弘范对文天祥严加防范，将他关押在一艘四周都布满了元军的海船里，而不敢把他囚在潮阳。张弘范一手做进攻隋山之准备，一手厚待文天祥，以图到时候让文天祥出面去劝降张世杰。

祥兴二年（1279年）正月初六，张弘范指挥水军从潮阳进发，取道海上，准备攻打隋山。关押着文天祥的海船一同前往。

十二日，海船经过珠江口外的零丁洋，文天祥听到这个地名，眼望着无边无际的大海，想起了祖国山河的支离破碎，自己的孤单无奈，思潮澎湃，百感交集，他再也抑制不住自己的感情，于是提笔挥洒，写下了下面的这首著名的七律《过零丁洋》：

> 辛苦遭逢起一经，干戈寥落四周星。
> 山河破碎风飘絮，身世浮沉雨打萍。
> 惶恐滩头说惶恐，零丁洋里叹零丁。
> 人生自古谁无死，留取丹心照汗青。

文天祥写完这首诗，他面对大海，一面反复吟诵，慨叹大宋河山的沦亡以及自己的孤苦身世；一面想快到隋山了，元人还将会要出各种新的花招，但自己抱定一个信念，宁死也不屈服，决不变节投降。

第二天，张弘范率军到了隋山，他知道张世杰领导的南宋水军实力较为强大。双方交战，元军对于取胜不是很有把握，因而就想不战而得隋山。于是张弘范大力推行劝降张世杰的活动。得知军中有一位军官是

留取丹心照汗青

张世杰的外甥后，就派他连续三次去张世杰大营那儿劝降，可是张世杰也和文天祥一样是南宋的忠臣，他又怎么会降元呢！

张弘范并不死心，又想叫文天祥写信劝张世杰降元，自己想直接去找文天祥，又恐怕遭到拒绝，面子上过不去，就派了一个姓李的元帅去见文天祥。

得知李元帅的来意后，文天祥气愤至极，反问道："我不能保卫自己的父母，却教唆别人也背叛父母，你说这可能吗？"

李元帅被反问得哑口无言，不知说什么好，可又不好回去向张弘范元帅交代，就软磨硬泡地叫文天祥写点什么，以便自己带回去交差。

文天祥挥笔录下昨天写的《过零丁洋》一诗，交给李元帅，让他带给张弘范，并且坚定地说："转告你们的张弘范元帅，这就是我的正式答复，也就是我的态度！"

李元帅无奈，只好拿着诗灰溜溜地向张弘范交差。张弘范一看，发出由衷的赞叹："好人，好诗！好人，好诗！"

进攻隋山的战斗终于打响了。战斗从正月十三日起，一直到二月初六，两军对垒长达二十二天，战云弥漫，杀声震天，这是历史上空前的大海战。文天祥目睹了整个战斗经过，焦虑与悲痛时时笼罩着心头。

张世杰的舰队有船一千多艘，而且多是大型海船，官民将士共有二十余万人，许多将领身经百战，士兵们背水一战，士气极高。而元军大小船只一共才五百艘，其中还有二百艘一开始就迷了路，没有赶到。元兵又不习惯海上作战，困难重重，说起来宋军获胜的希望是很大的。

然而，由于张世杰指挥失误，坐失战机，元军的舰只趁着涨潮的时候，突然向张世杰的水军攻击，虽然宋朝水军英勇顽强，但还是抵抗不住元军有组织的猛烈进攻，军民伤亡极大，眼看败局难以挽回，张世杰便决定派人把皇帝接到自己的舰船上来，准备突围，保存实力，以图东山再起。

皇帝的座船较大，又紧紧和别的船只结连在一起，突围不出去。不能眼看着靖康之耻的重演，也不能使皇帝落得和先皇一样的命运，陆秀夫决定和皇帝一起殉难。他首先叫妻子儿女跳海自尽，又回头对皇帝说："国事至此，陛下应当殉国。德祐皇帝被俘，受辱已甚，陛下不能再受辱了。"说罢即背负八岁的皇帝跳海壮烈牺牲。

杨太后知道皇帝殉国，万分悲恸，也跳海自尽了。不少大臣、宫女也都纷纷跳入海中。

张世杰见皇帝没来，情况又不允许他久等下去，就和苏刘义等将官乘天色昏暗，率领百多艘大小船只突围出去，其余八百多艘船只都被元军俘获了。

入夜，崖山决战结束，炮火、鸣镝声音都停止了，海上烟消云散，连军中的锣鼓也悄然无声，只见点点灯光，疏密相间，那是元军船只和它所俘获的宋军船只上的桅灯。元军取得崖山决战的最后胜利，杀牛宰羊，置酒庆贺，个个喝得烂醉如泥，一阵阵如雷的鼾声从船中传出，打破了夜空的静寂。

崖山海战遗址，位于广东新会县

这一夜，文天祥一刻也没有合过眼，他为张世杰坐失战机无限惋惜；也为他结栅自固，"不知合变"而痛心疾首。虽然他是一介书生，并不知兵法，但已看出了这些致命的弱点，而且事情的发展又一一按照他预见的最坏的结局出现了，二十多天来尚存的一线希望完全破灭，这怎不使他痛苦万分呢？更加使他难受的是，决战自始至终，他都全程目睹，心脏脉搏随着战斗的进行而跳动，心情紧张到无以复加的程度，最后又亲眼看到宋军的覆没，这对他是极大的打击。精神上受到的折磨，比肉体上受刑更加难以忍受。他说："厓山之败，亲所目击，痛苦酷罚，无以胜堪，时日夕谋蹈海，而防范不可出矣！"这是他当时心境的真实反映。他没有别的办法，只能"坐北舟中，向南恸哭"。

厓山战败以后，文天祥向自己提出了一连串的问题：

昨天，西北海面还有宋军的大队船舰，如今只见北船，不见南船的旗号了，宋军还能保存一点力量吗？

昨天，两边桴鼓擂得十分响亮，今天海上一片静寂，宋军竟就此不能再战斗了吗？

昨天，张世杰元帅正在布置战斗，今天他是殉难厓海呢？还是已经突围出去？杜浒、邓光荐这些同生死共患难的朋友，不知牺牲没有？

昨天，祥兴皇帝还在他的座船上，他的存在是宋朝存在的象征，如今他是生是死，音讯杳然。如果皇帝不幸殉难，宋朝还有希望吗？

这些问题萦绕脑际，他找不到任何答案，宋朝竟落得这样悲惨的结局，他无比痛心。由于时代和阶级的局限，他不可能正确总结出历史教训，只是归咎于奸臣误国。在荧荧孤灯下，他含泪写了一篇记述厓山决战和自己的感想的长篇史诗。他把厓山失败比作赵长平军被秦将白起坑杀，是历史上的大惨案。

他记述这次空前的海战说："楼船千艘下天角，两雄相遭争喷薄。古来何代无战争，未有锋猬交沧溟。……一朝天昏风雨恶，炮火雷飞箭星落。谁雌谁雄顷刻分，流尸漂血洋水浑。昨朝南船满崖海，今朝只有北船在。昨夜两边桴鼓鸣，今夜船船鼾睡声。北兵去家八千里，椎牛酾酒人人喜。唯有孤臣两泪垂，冥冥不敢向人啼。六龙杳霭知何处？大海茫茫隔烟雾。我欲借剑斩佞臣，黄金横带为何人？"

这次战争确是宋、元最后一次决战。张世杰虽然突围出去，但他再也无力重整旗鼓继续战斗了。他率领一百多艘船只乘夜驶到南恩（今广东阳江）海上的螺岛停泊，曾想整顿残余水军，再召集广东志士义民参军，在陆上建立根据地。不幸这支船队突然遇到翻江倒海般的大飓风，船只有的撞击坏了，有的沉没海中。将士劝他上岸暂避，他拒绝了，说："没有必要了。"座船摇晃得非常厉害，几次险些倾覆，张世杰若无其事似的，他扶着板壁登上舵楼，两眼凝视着在飓风中忽上忽下的宋军残余船只，喟然长叹着对身边的将士说："我为宋朝仁至义尽了，一君身亡，复立一君，现在国已无君，我不在崖山殉难，只为元军退后，再立国君，以图恢复宋朝社稷。如今国事至此，这是天意呀！"这时飓风更急，怒涛更高，张世杰竟堕水溺死。将士捞起他的遗体，葬于螺岛东端力岸村。螺岛因为埋了烈士的忠骨，改名为海陵岛，取海上陵墓之意。

战斗结束后，崖山海面一片浓重的腥臊味儿，双方战死的士兵，跳海殉节的宋军官兵和义民，尸体陆续漂浮起来，七天以后，竟有十余万具。元军驾着小船在海上捞取财物，一个士兵发现一具穿黄衣的童尸，身上佩着玉玺，他取下玉玺，把尸体扔到海里，玉玺送到张弘范那里，张弘范断定是皇帝的尸体，立即命令士兵捞取，可是不知已漂到哪里去了。他随即派人向元朝廷奏闻。

张弘范消灭了督府军，南宋最后一个皇帝也死在他手里。他自以为对元朝立下不世之功，十分得意，派人在崖山北面石壁上刻了"镇国大将军张弘范灭宋于此"十二个字，以便"流芳千古"。可是事与愿违，他灭宋的罪行受到中原和南方人民的唾骂。明朝时候，有人把这块石刻削去，改镌"宋丞相陆秀夫死于此"九个字，纪念这位殉节的忠臣。

囚禁三年

三月十三日，张弘范的灭宋庆功宴在广州摆开，他所部全军将领都来了。张弘范把文天祥请来了，并让文天祥坐正席，不停地劝菜敬酒。文天祥坐在那里，一动也不动，怒目而视……张弘范再次走近文天祥说："文丞相，宋朝已灭亡了，您的忠心也已尽到了，即使您想杀身成仁，又会有谁把您的事迹写进宋朝的史册里呢！好好想想，如果能以忠于大宋的心来对待大元，那么大元肯定会用您为宰相的！别再固执了，在哪儿当官不是都一样……"

一听到"宋朝已灭亡"几个字，文天祥心如刀绞，不禁流下了眼泪，他对张弘范的话非常气愤，立即驳斥道："国亡却不能救，作为臣子就已经死有余辜了，怎么还敢怀有二心，苟且偷生呢？古时商朝灭亡后，伯夷和叔齐忠于商朝，不食周粟而死，作为忠臣，应自尽其心，绝不能因国亡而变心。告诉你吧，让我屈膝投降，永远也办不到！"

张弘范被驳得哑口无言，无可奈何地摇摇头。

文天祥心如磐石，毫不动摇，元人两个月的威逼利诱都没有奏效，张弘范无可奈何，只得将这些情况写成奏章，派人送到大都，听候处置。

四月十一日，使者带来了元世祖忽必烈的诏书。对忠心耿耿的文天祥，忽必烈早就有所了解，这次又得知他被俘后的情况，赞叹道："真忠臣也！"他要张弘范对文天祥以礼相待，立即押送到元大都，他要亲自处理。

得知要北上的消息，文天祥下定决心，无论遇到什么情况，也不能改变自己的志向。临行前他写了一首长诗，题为《言志》，诗中反复表达了以死殉国的志向，其中有几句是这样写的：

> 一死鸿毛或泰山，之轻之重安所处。
>
> 以身殉道不苟生，道在光明照千古。
>
> 平生读书为谁事？临难何忧复何惧！

文天祥那种乐观、无畏的精神跃然诗中，他在北上途中，在大都监狱的表现，都反映了这种精神。

文天祥要离开广州北上时，杜浒特地赶来了，他要为义军领袖和自己亲密的战友送行。杜浒在崖山一带带兵，战败后投海被俘，也押到广州，受尽折磨，身患重病。文天祥望着杜浒憔悴的面容，难过极了，一起出生入死的战斗经历又浮现在眼前。两人含泪分别，而杜浒因忧伤和疾病的折磨，几天后便去世了。

和文天祥一同押往大都的还有邓光荐，他是南宋的礼部尚书，在崖山战役中被俘。邓光荐品格高尚，又喜好诗歌，一路上和文天祥写诗填词，朝夕相伴。

四月二十二日，文天祥等人由元军都尉率领几十名全副武装的士兵押着北上了。他把这次北上看成又一次战斗。途中的山水、草木常常引发他的情思，为此，他写了不少的诗歌，表达了自己的哀痛和坚定不屈的意志。

五月初四，文天祥一行出梅岭，二十五日至南安军，这儿已是江西，离文天祥的家乡不远，义军旧部也还在，元军都尉怕义民前来劫持，就把他锁在船舱里。

一直想着以身殉国的文天祥，这时，他决心就死在自己的家乡。到故乡庐陵还有七八天的路程，现在开始绝食，正好到庐陵也就差不多饿死了。尽节于故乡，埋葬于本土，不失为忠烈，而且还能免除到大都后再受侮辱。于是，文天祥提笔写了一篇《告先太师墓文》，让随从孙礼离船上岸，从陆路先赶到庐陵，在父亲文仪的坟墓前诵读，然后火化，替他祭祖，并约定好孙礼六月初二在庐陵等着再上船，那时他就可以死在家乡，告慰祖先了。

绝食是痛苦的，一天、两天……他坚持不肯吃东西。后来，元军都尉见他始终不进食，身体一天天地衰弱下去，便惊慌了，先是哀求他吃点东西，后来，竟令士兵捏住文天祥的鼻子，把粥从嘴里灌进去。文天祥对他们的无礼举动怒怨不止……

六月初一，船便到了庐陵，文天祥没有见到孙礼。他以为是船早到了一天，所以他忍耐着绝食的痛苦，等待孙礼回来。谁知道一直到了第四天，船要到丰城时，文天祥才发现孙礼在另一条船上，这时他才明白，原来是元军捣鬼，他们根本就没有让孙礼上岸。

文天祥绝食八天，竟然没有死，而庐陵已过了很远，他想既然不能死在家乡，如果再坚持绝食而默默地不明不白地死在荒江之上，实在不值得；另外，建康（今南京）马上就到了，他听说还要停一段时间，如果能像上次在镇江一样逃出去，就太好了。考虑再三，文天祥决定恢复饮食，准备迎接新的战斗。

六月初五，文天祥到了隆兴（今南昌），消息一传开，百姓纷纷站在街头夹道看望。一生中文天祥已经是第三次遇到这样的场面了，他又想起了中状元和从元营逃脱到真州时的情景，但是，此时他的体质已然不行了。不过，在老百姓眼里，他仍然是位了不起的英雄，人们仍然尊敬他，崇拜他，而且这种感情比以前更强烈了。

庐陵人张弘毅也正是由于这个原因，在文天祥经过庐陵时，他向元人迫切要求，他要陪伴文天祥一起去大都，元人见他如此心切，便答应了。

六月十二日，文天祥等人抵达建康，在这里住了两个多月。这里也有人想在江边将文天祥救出。文天祥也想找机会逃走，可是元人警卫森严，因而这一想法未能实现。

八月二十四日，文天祥渡江北上，邓光荐却在此病倒了，而留在了建康，两位好朋友从此分别了。文天祥等人渡江到江北，然后走水路到淮安，这一段路上，江淮的义士总想将文天祥劫走，可是，元兵水上、岸上层层守卫，一直到扬州也没有找到下手的机会。

九月初二，文天祥等人由淮安出发，走陆路向北行进，一路上北方的风土人情、名胜古迹，都使文天祥激动不已，他写了许多诗，记下了自己的见闻。

九月二十日，文天祥等在河间（今属河北）的一家烧饼铺夜宿。店主见是被俘宋朝官员经过此地，便上前打听，一听是大名鼎鼎的文丞相，连忙前去参见，并且说："小人祖上也是宋人，流落此地多年。文丞相忠心耿耿，世人皆知，今日有缘相遇，请丞相留下墨迹，来日见到此字，就如同见到文丞相，不知可否？"说完他便拿出笔墨纸张。

在千里之外的北方，文天祥遇见这位宋朝遗民，并对自己这样尊重，感动不已，一口应允，提笔写了四首诗，送给店主。

店主当即叫人将这四首诗裱了起来，挂在阁楼里，视之为珍宝。

两年后，一位江南人路过此店，见了这几首诗，认出是文丞相的手迹，便对店主人说："这些诗写得好，两贯钱让给我吧！"

"这是我的传家宝，就是十锭银子给我也不换。我祖上也是大宋百姓，宋朝三百多年天下，有多少文武官员，只有文丞相才是真正的英雄，他为我写的手书真迹，是无价宝啊！"

因为这位客人也相当崇拜文天祥，所以才想讨手迹，见北方百姓也如此敬重文天祥，心里无比兴奋。

文天祥一行到了元大都后，被安置在会同馆。他深深地舒出一口气，心里暗喜道：可以殉国啦！可就在会同馆里，馆主人将文天祥奉为贵宾。文天祥很奇怪，就问馆主人，馆主人回答："丞相博罗吩咐我好生照顾文丞相。"于是他明白了，元人是在企图软化自己。

文天祥为了表示自己不屈服于元人，他每天身着宋朝官服，面南而坐，黑夜亦如此。他不睡博罗为他安排好的床铺，宁可每晚坐到天亮；他不吃博罗为他安排好的美餐，而要吃陪他来的那位同乡、朋友张弘毅送来的饭菜。张弘毅一直住在离文天祥不远的客店里，坚持前来送饭，照看文天祥。文天祥之所以"义不寝食"，一是要向元人显示自己的决心；二是时刻提醒自己，不能忘记自己的志向。

果然，博罗丞相接二连三地采取了种种方法来劝文天祥投降。

先是文天祥的两个女儿前来看望他。她们见到父亲，悲痛欲绝，文天祥最疼爱女儿，此时也泪如雨下，可是父女刚一见面，元人就又把两个女儿带走了。文天祥的夫人就和女儿住在一起，元人却偏偏不让她来。元人的用意很清楚，是让文天祥知道，只要你肯投降，就能和妻子、女儿生活在一起。然而文天祥宁愿忍受着和亲人生离的痛苦，而坚决不向元人屈服。

留梦炎，这个临安危急时逃跑的南宋丞相，降元后做了高官。博罗心想，这两人都是宋朝的状元宰相，用状元宰相来劝状元宰相，真可称之为一着妙棋。然而博罗打错了主意，两人思想完全不同，文天祥恨透了留梦炎这样的人，怎么能听他劝降呢！留梦炎刚到文天祥这里，未等他说话，文天祥就指着他厉声斥责道："好个老贼，当初你不顾国家利益，弃官潜逃，今又认贼作父，甘心投降。你不知耻辱，还厚着脸皮来劝降，我问你，你有什么脸面再见父老兄弟啊？"

留梦炎被斥骂得抱头鼠窜。接着，博罗丞相又让宋恭帝前去当说客，命令文天祥投降。临安陷落后，皇帝被押到大都，元世祖封他为瀛国公，现在只有九岁。博罗丞相想，文天祥忠君，皇帝的话，他一定服从。然而他们又想错了，就是皇帝让文天祥投降，文天祥也不会答应。小皇帝一来，文天祥便有了主意，他既不责骂小皇帝，也不跟他讲道理，只是让小皇帝坐北向南，自己面北而跪，一面叩头，一面痛哭流涕地连声说："圣驾请回，圣驾请回。"意思是让小皇帝回南方，竖起抗元战旗。小皇帝被弄得糊里糊涂，不知说什么好，只得回去了。

宋君、宋臣劝降都没效果，只好由元朝大臣出马了。当时元朝的平章政事（宰相），名叫阿合马，是个很狂妄的家伙，他想借自己的权势来使文天祥屈服。他进了会同馆，在大堂一坐，就让人叫文天祥前来回话。

文天祥一听是阿合马，料定不好对付，但一想，自己死都不怕，怕他干啥？于是昂首阔步走到堂上，作了个揖，坐在阿合马对面。

见文天祥大义凛然的样子，阿合马先是吃了一惊，继而却又故作威严地问："你知道我是谁吗？"

"刚才听人家说是宰相来了。"文天祥顺口回答。

"知道我是宰相，为什么不跪？"阿合马盛气凌人地问。

"南朝宰相见北朝宰相，凭什么下跪？"文天祥据理反驳。

没想到文天祥这么强硬，阿合马一时又不知如何回答，便转移话题："你既然是南朝宰相，那为什么又到了这儿呢？"

"南朝早点用我做宰相，北人就到不了南方，南人也到不了北方了。"文天祥一本正经地说道。

阿合马见文天祥态度强硬，自己又无话可说，就寻开心似的对左右道："此人生死得由我呢！"意思是说，文天祥你别太要强了。

文天祥这时也不耐烦了，于是，声色俱厉地说："你要杀就杀吧，说什么由你不由你呢！"

阿合马不作声了，他知道说不过文天祥，劝降的话一字未提，就灰溜溜地走了。

在这场劝降与反劝降的斗争中，文天祥胜利了。元朝统治者失败后，知道劝降是不会成功的，于是，就采取强硬手段，对文天祥进行肉体折磨，企图消磨文天祥的意志，使他屈服。

十月初五，文天祥被带出会同馆，押送到兵马司衙门，关在一间小土牢里。

元兵看守极严，过了十多天才把文天祥捆着的双手解开。一个月后因为文天祥生了病，才把枷除掉，但脖子上仍系着铁链子。

文天祥所带的衣服钱银都被收走，每天给的伙食极差，又不许张弘毅再来送饭，要文天祥自己生火做饭，火炉就在囚室内，烟熏火燎，难受至极。

囚室阴暗寒冷，屋角墙壁布满厚厚的灰尘。文天祥身上的虱子抓不完，不久又长了癣，背上长了疽。生活的折磨使他病倒了……

元朝统治者以为，宋朝宰相是吃不了这些苦的，一个月的折磨一定能使文天祥屈膝投降。十一月初五，开始领他到枢密院说是去见院官博罗丞相，一连去了四天，博罗故意避而不见。直到十一月初九，院官才传令召见。博罗心想，折磨了一个月，又三番五次让他见不到元人头领，这次，文天祥一定会软下来。

然而他们又错了，痛苦与折磨不仅丝毫没有动摇文天祥的意志，反而使他更坚强了。

在枢密院大堂中央坐着满脸杀气的博罗丞相，旁边坐满了元朝的高级官员，手持刀枪的士兵威严地站立两旁，阴森可怕，杀气腾腾。文天祥昂首阔步走进门去，根本不把他们放在眼里，从容地走到大堂中央，作了个揖，站立在那里。

一名通事（翻译人员）高喊："跪！"

文天祥严肃地说："我是南人，只行南人的礼，礼行完了还跪什么？"

博罗一下子火了，令左右去拽文天祥下跪，文天祥索性坐在地上不起来了。这时又上来好多人，有的按头，有的抓住手、按着脚，甚至还用膝盖顶着文天祥的背，硬逼他下跪，但是文天祥始终不屈服。

博罗无奈，只得令手下退在一旁，就开始审问："你有什么话要说？"

文天祥说："天下事有兴有废，我文天祥忠于宋朝，宋亡了，我只求速死，没什么话可说！"

一听文天祥说了句"天下事有兴有废"，博罗便想钻空子："盘古到今，几帝几王，为我逐一说来。"他是引文天祥一直数到现在的元世祖，好借此让文天祥承认元朝，进一步再让他投降。

文天祥马上机智地回答："一部十七史从何处说起？我今天不是赴博学宏词科（选拔博学能文之士的考试），没工夫跟你说闲话！"

博罗被驳得面红耳赤，但仍不肯善罢甘休："你们立二王，如何是忠臣？又有什么功劳呢？"

"立君王以存宗庙，存一日，则臣子尽一日责，不计较什么功劳。"

"你既然知道国家挽救不了，为什么还要去硬做？"

"只要我活一天，就要尽我一天的心力。作为孝子，不管父母活着、病着，还是死了，都应尽孝心。父母如果有病，明知不能救了，难道你就不给用药了吗？今天我文天祥到此地步，只求快些死，何必问我这些废话？"文天祥气愤地说。

博罗发怒了："你要死，我偏不要你死。偏要把你关下去！"

文天祥冷笑着说："随你便吧！我连死都不怕，还怕坐牢吗？"

博罗恼怒之至，嘟嘟囔囔不知道说了些什么。审问就这样结束了，元朝统治者能征服一个王朝，却对付不了一个文天祥。博罗想立即把文天祥杀了，以解心头之气，可元世祖仍想"求才"。他们只得以长期监禁的痛苦来消磨文天祥的斗争意志，指望他能屈服，为元朝出力。

在三年多的监狱生活中，文天祥始终也没有屈服。土牢阴暗潮湿，只有一扇矮门和小窗户，终年不透阳光。夏天闷得透不过气来，下雨时，雨水往屋里灌，床和小桌都泡在水中。各种脏物堆在屋里，臭气熏天。在这样的监狱里，文天祥经受着折磨，仍然坚持斗争。对他来说，生命不终止，斗争就不会停息。

他还写了许多诗歌，他要把自己的感情和思想，把监狱中的生活和斗争，把亲身的经历和战友的英雄事迹，把宋朝灭亡的经过和叛贼的卖国行为，告诉人民，告诉后人。

从容就义

元世祖忽必烈是元朝开国皇帝，也是一个雄才大略的帝王。为了巩固元朝统治，他深知吸收中原先进文化的重要性，一向积极笼络汉族儒生，招降南宋遗臣。

降元的南宋官员王积翁等人向元世祖上奏说："文天祥乃当今人中之凤也，南宋人中无一及其项背者。"于是元世祖令王积翁去传达旨意。文天祥说："国家灭亡了，我只有以死报国了。假如元朝皇帝宽容，让我能够出家为道士重归故乡，往后以方外之人备元朝皇帝顾问，那么还说得过去。假如立即就委以官职，不仅亡国的士大夫们不能相容，而且把自己平生的志向和事业全部抛弃了，那么你们重用我这样的人还有什么用呢？"于是他们真的请来了静修自得、彻悟深通的老道士，给文天祥说道谈玄，企图动摇他的意志，使文天祥可以脱尘绝俗，与世无争，不再反抗元朝；同时可避免元朝杀戮忠良的罪名以借此收买人心。然而他们哪里知道受道家思想影响的文天祥，他追求的是自己所向往的浩然正气，提出的做道士的要求，只是为再次举起抗元义旗的借口。至于生死、得失、功名、荣辱等一切杂念都给他抛于九霄云外。就好像他在《正气歌》中所写的："……时穷节乃见，一一垂丹青。……是气所磅礴，凛冽万古存。当其贯日月，生死安足论。……"

文天祥的意志越来越坚定，王积翁想联合南宋旧官谢昌元等十人请求元世祖忽必烈释放文天祥。留梦炎认为这样做不妥当，说："文天祥出去后，必定会重新号令江南义民抗争，这样有可能会把我们十个人置之于死地而后快。"于是，后来王积翁也不敢提释放文天祥的事了。

王积翁等人又建议："不放文天祥，也该以礼相待，好让人家说元朝皇帝开明。"元世祖同意了，令兵马司给文天祥准备好的酒菜饭食。文天祥得知这一消息后说："我文天祥不吃官饭已有好几年了，元朝为我准备的酒饭，我坚决不吃。"

当时，各地抗元斗争又高涨起来了。至元十九年，中山府（今河北定州）有一个自称"宋朝幼主"的义士，名叫薛保柱，聚众数千人，要攻入燕京劫狱，营救文天祥丞相。有人还写了匿名信："……马上起义。到时先焚烧城墙上的草苇，然后率领两翼卫兵举火把接应。……丞相可以不必担心了。"当时元朝左丞相阿合马刚刚被刺杀，气氛相当紧张。

得到这些情报，元世祖忽必烈十分害怕，立即下令：一、除去城墙上的草苇；二、京师戒严；三、将瀛国公（原南宋恭帝）和南宋宗室迁移到开平府（今内蒙古多伦县），以防宋朝义民劫持，并怀疑匿名信中所说的丞相就是文天祥，经过与大臣们商定，他们终于一致认为杀了文天祥最为保险。

然而忽必烈认为："元朝人中没有能比得上成吉思汗时期的宰相耶律楚材的，而宋朝人中没有能比得上文天祥的。"杀了他，还真是舍不得。于是决定，他亲自出马对文天祥进行最后一次劝说。

十二月初八，忽必烈在皇宫大殿中召见了文天祥。文天祥昂首阔步地走进了大殿，凛然而立，长揖不跪。侍卫强令下跪，文天祥坚决不从。忽必烈一心想劝文天祥归附，就不再拘于礼节而喝退侍卫，好心好意地相劝道："你在这里好几年了，我一直不忍心也不愿意杀你，如果你能一改初衷，以对待宋朝皇帝的忠心待我，我照样会重用你当宰相的。"

文天祥很爽快地说："我文天祥受了宋朝的恩惠，官至宰相，如今宋朝不幸亡国了，我理所当然地死节，怎能做别人的宰相呢？"

忽必烈说："不愿做宰相，就做枢密吧！"

"也不做。"

"那你有什么愿望？"

"赐我一死之外，别无他求！"文天祥高声回答。语音琅琅，犹如洪钟回响在大殿之中，久久不绝。大殿中每一个人，就连忽必烈也嗟叹不已。忽必烈亲自劝降也失败了，只得无可奈何地令手下把文天祥押回牢狱，为了免除后患，他终于决定将文天祥处斩。

第二天早上，元朝宰相再次极力上奏元世祖："文天祥既不愿归附，不如成全他的请求，赐他一死。"元世祖同意了。

临近处斩时辰了，元朝统治者如临大敌，兵马司牢狱、柴市口刑场以及押赴刑场所要经过的每条大街小巷都布满了重重精兵，生怕宋朝义士劫走文天祥，也怕百姓借机闹事，凭空增添麻烦。

监斩官带领士兵和乐队来到了兵马司牢狱，击鼓鸣金，要带文天祥去刑场。文天祥见此情形，便知是怎么回事，高兴地说："我的事情，今天终于完成了。"从到元大都的那天起，文天祥就想以身殉国，没想到竟拖了三年之久，今天终于如愿以偿了。于是他简单地收拾了一下，将春天就写在衣带上的"绝命书"——《自赞》系在身上。元兵给他戴上黄冠，再戴上枷锁，手执刀枪地押解他走出监狱。

这时，其他被监禁的人都难过地目送文天祥走出监牢。而文天祥则神情自若，气宇轩昂。街道上聚满了百姓，都想最后一睹这位忠臣的风采。文天祥被押赴刑场处斩的消息一经传开，人们越聚越多，从街道到刑场，观众层层围住，人数竟达万人之多。人人脸上流露出难以抑制的愤恨和悲伤。

监斩官见文天祥是如此的众望所归，唯恐发生什么变故，便一再高声喊道："文天祥是南朝的忠臣，皇帝要用他做宰相，他不愿意，所以只好听从他本人的愿望，赐他一死，这可跟平常的杀人不一样啊！"

文天祥昂头挺胸，泰然自若地迈向刑场，同时反复地高声吟唱自己编的歌，其歌唱得慷慨激昂，催人泪下。

刑场到了，百姓们一层层涌向刑场中心，尽管精壮的元兵手持刀枪，使劲地向外驱赶，但围观的圈子还是越来越小。这时监斩官问道："文丞相还有什么话要说的吗？如果此时回心转意的话还能免你一死！"

"要杀则杀，少说废话！"文天祥愤怒而坚定地说道。

文天祥说完，就向周围的百姓问道："请问南方在哪边？"百姓给他指了指。这时，只见他面向南方，慢慢地跪在地上，深深地拜了两拜，并说道："臣报国至此矣！"

百姓中此时有人拿来了笔墨，请求文天祥写些字，作为最后纪念。文天祥从容提笔，两首七律一挥而就。

有一首最后四句这样写道：

天荒地老英雄丧，国破家亡事业休。

惟有一腔忠烈气，碧空长共暮云愁。

这诗句的大意是，天地荒凉，大宋灭亡，自己将要死去，国破家亡，自己复兴宋室、恢复中原的事业也不能实现了。只有一腔忠君报

国、坚贞不屈的浩然正气，充塞蓝天，带着忧愁怨恨与暮云一起飘浮。

七律的最后一字写完，文天祥将笔一掷，大义凛然地走向刀斧手……

处死文天祥那天，被关押在邻近囚室中的宋宗室、翰林学士赵与懔，以目击者的身份，留下了如下记载。

只听见囚室外面一阵刀枪马蹄响声，那是带文丞相出囚室，押赴刑场。人们都争着从囚室的窗户往外看。渐渐地，马蹄声远了。又过了一会儿，忽然听到有人说："皇帝有旨，暂缓行刑……"可是几个骑马的官员飞一般地奔向刑场时，已经晚了。

文天祥被杀害了，终年四十七岁。一时间，刑场内外、大街小巷的人们无不感叹流泪、悲痛不已。

文天祥受刑后的第二天，他的妻子欧阳氏前来收尸。文天祥的面容跟生前几无差别。有十多位江南义士也冒死前来元大都协助办理后事。他们发现了藏在文天祥遗体的衣带里的一首《自赞》，其中写道："孔曰成仁，孟曰取义。惟其义尽，所以仁至。读圣贤书，所学何事？而今而后，庶几无愧。"其大意是：孔子教导我们杀身成仁，孟子教导我们舍生取义。正因为只有行为符合正义，所以才能达到仁德的境界。我读了圣贤们留下的书籍，究竟从其中学到了一些什么东西呢？从今天往后，我大概可以无愧于圣贤们的教诲了。

欧阳氏和十多名义士读了这篇气势磅礴、大义凛然的《自赞》时，他们悲痛万分的心灵中升起了一种崇高之感。他们暂时将文天祥的遗体埋葬于元大都小南门外的大道旁，焚香酹酒设祭，表达对亲人和英雄的哀悼和敬意。一时间，闻此噩耗而设祭的老百姓，从北方到南方，何止千万家啊！一直在元大都陪伴文天祥的张弘毅含泪将文天祥遗体的牙齿、指甲、胡须和头发暗中收藏起来，亲自背着送回了文天祥的家乡——江西庐陵安葬，同时还带回了文天祥所写的大批文稿。

第二年，人们把文天祥的灵柩送回了故乡，葬于富川东南十多里地的鹭湖边。

那么，文天祥的妻子儿女怎么样呢？

文天祥的妻子儿女都在元宫为奴。据《纪年录》壬午年注，欧阳氏居东宫，后随公主下嫁驸马高唐王，居大同路丰州栖真观。大德二年（1298年），以年老不禁寒冻，请求南归。大德七年（1303年）至宁州，次年归故里。

文天祥的女儿柳娘，跟随公主下嫁赵王沙靖州，大德年间去世。环娘，跟随公主下嫁岐王西宁州。所谓陪嫁，其实就是沦为蒙古贵族的奴婢。

过继给文天祥为子的文升，在仁宗即位（1312年）时，才出来做官，但不久便病死了。

次子佛生，空坑之役时下落不明，文天祥以为他年幼离散，已不在人世。实际上，佛生并没有死，他被一个叫罗宰的人收养。至元二十年（1283年），文升自燕地奉枢归故乡，才得到佛生的消息，他与佛生见面后抱头痛哭。不久，佛生便感疾而卒，年仅十八岁。

流芳百世

文天祥就义后，人民怀念这位伟大的英雄，在他家乡的先贤堂里，增添了他的画像，后来特地修建了"文丞相忠烈祠"，他少年时代的愿望终于实现了。

文天祥殉国之后，人民的抗元斗争依然没有停止。自他死后的那年起，爆发了韩山童、刘福通领导的红巾起义，继而朱元璋等人在南方起兵，终于推翻了元朝的残酷统治。明洪武九年（1376年），在文天祥被监禁的旧地——兵马司监狱修建了"文丞相祠",文天祥的诗文广为流传,在我国文学史上具有相当重要的地位。不少佳句,如"臣心一片磁针石,不指南方不肯休""人生自古谁无死,留取丹心照汗青"等诗句更是成了人们的座右铭。

文天祥作为一个南宋末年的爱国志士和民族英雄,几乎已是家喻户晓。文天祥的高尚道德和忠贞气节不仅为汉族人民所称颂,也受到包括蒙古人在内的各民族的敬仰。邓光荐在《文信国公墓志铭》中说,文天祥"志节昭耀乎终古,南北之人无间识与不识,莫不流涕而惊叹,乐道其平生",这表明了文天祥不仅是某个阶级或某个民族的英雄,也是整个中华民族的英雄。文天祥有一颗忠于祖国和忠于人民的赤诚之心,也就是他自己所说的"丹心",这颗丹心又化为浩然正气,照耀千古,彪炳史册。

文天祥的精神不仅为当时的爱国志士所仰慕,而且曾长期激励着后

文天祥陵园

世的人们去为正义事业而奋斗。

与文天祥同科的进士谢枋得就是一位义士。

元朝统一中国后，就开始拉拢汉族士大夫，由于谢枋得的文名和威望，元朝曾先后五次派人来诱降谢枋得，但都被他用严词拒绝，并写《却聘书》："人莫不有一死，或重于泰山，或轻于鸿毛，若逼我降元，我必慷慨赴死，决不失志。"

至元二十五年（1288年）冬天，大雪纷飞，福建行省参政魏天佑奉元帝之命，强迫谢枋得北上大都。这时，谢枋得虽然形容枯槁，但仍精神抖擞，慷慨赋诗赠别亲友。他一到大都，就问明太皇太后谢氏坟墓和宋恭宗所在的方向，恸哭再拜，后拘留于悯忠寺（今法源寺），见壁间有曹娥碑，哭泣说："小女子犹尔，吾岂不汝若哉！"并再次进行绝食斗争。大宋降臣留梦炎派大夫拿了掺有米饭的药汤请他去喝，他一面怒骂，一面将药罐拂在地上。四月初五，谢枋得绝食五天，终于为国尽节，至死未降。

明朝兵部尚书于谦，家有文天祥画像，他在《文山先生像赞》中说："呜呼文山，遭宋之季，殉国亡身，舍生取义。气吞寰宇，诚感天地。……宁正而毙，弗苟而全。南向再拜，含笑九泉。孤忠大节，万古攸传。我瞻遗像，清风凛然。"于谦学习文天祥的忠心报国精神，明英宗正统十四年（1449年）十月曾指挥北京保卫战，打退了强敌瓦剌军的进攻。后来他虽被冤杀，但也像文天祥一样，做到了"孤忠大节"，万世流传。

清初，许多明朝的爱国志士都以文天祥为榜样，反抗清兵的民族压迫，积极投入反清复明的斗争。

文天祥的后裔苏州人文秉参加反清义军，被俘不屈，从容就义。他曾写《绝命辞》云："三百年前旧姓文，一身报国许谁闻。忠魂今夜归何处？明月滩头卧白云。"同时，杨廷枢在反清失败后被捕，他在狱中赋《绝命词》十二首，又裂衣幅作遗书，自题其后曰："吾自少读书，慕文信国为人，今日之事，乃其志也。"清朝巡抚土国宝命他剃发，他说"砍头事小，剃发事大"，终于不屈被杀，保持了民族节操。

张煌言在南明鲁王政权灭亡后被俘，他在回答敌人的劝降书中说："宁为文文山，不为许仲平。""而被执以来，视死如归。非好死恶生也，亦谓得从文山、叠山（谢枋得）异代同游，于事毕矣。"

南明大学士瞿式耜守桂林（今属广西），城破与其学生张同敞一起被俘。他写诗自励："无逃大义昭千古，敢望文山节并重。"

这样的爱国志士不胜枚举，他们在为国殉难时，都曾表示要仿效文天祥，甘为玉碎，忠心不移。

精神的力量是巨大的。文天祥的精神对中华民族优秀的思想文化注入了丰富的内容，并对中国人的行为准则、文化模式产生了深远的影响。

附录一

文天祥诗文选

诗

题碧落堂

宋理宗景定四年（1263年）八月，文天祥奉命出知瑞州。到任后，他修复了被蒙古军毁坏的名胜古迹，使瑞州焕然一新。碧落堂在治所高安碧落山之巅。重修碧落堂，便是其中的一项工程。落成后，文天祥赋诗以纪兴。诗中表达了身居瑞州，心系朝廷，时刻关注国家命运的心情。

大厦新成燕雀欢，与君聊此共清闲。

地居一郡楼台上，人在半空烟雨间。

修复尽还今宇宙，感伤犹记旧江山。

近来又报秋风紧，颇觉忧时鬓欲斑。

夜　坐

这首诗作于咸淳六年（1270年）至八年（1272年）罢官闲居期间。诗中感慨岁月蹉跎，自己老大无成，但雄心未灭，仍渴望为国家建功立业。前四句通过描写淡烟、细雨、枫叶、蓼花、宿雁、寒蛩，构成了一幅凄迷的秋天图景，然后笔锋一转，由自然界的秋天转而感叹自己老大无成，最后表示自己并不因此而消极颓丧，随时以古代英雄豪杰的事迹勉励自己。

淡烟枫叶路，细雨蓼花时。

宿雁半江画，寒蛩四壁诗。

少年成老大，吾道付逶迤。

终有剑心在，闻鸡坐欲驰。

山中感兴（三首）

这三首诗作于宋度宗咸淳七年（1271年）春天，当时文天祥罢官回乡，经营文山，过起隐居生活。第一首诗写自己载酒东郊游赏，春色美好，但行乐不是自己的愿望，心中烦闷不安，笔端流出淡淡的哀愁。第二首写自己对时局的忧念，但又无能为力，只好渔樵自适。第三首以罢官前后对照：在官时白鸟群集，退隐有如黄鹄高飞，无限自由。颇有陶渊明"归去来兮"之意。

其一

载酒之东郊，东郊草新绿。

一雨生江波，洲渚失其足。

青春岂不惜，行乐非所欲。

采芝复采芝，终朝不盈掬。

大风从何来，奇响振空谷。

我马何玄黄，息我西山麓。

其二

山中有流水，霜降石自出。

骤雨东南来，消长不终日。

故人书问至，为言北风急。

山深人不知，塞马谁得失？

挑灯看古史，感泪纵横发。

幸生圣明时，渔樵以自适。

其 三

桃花何夭夭，杨柳何依依。

去年白鸟集，今年黄鹄飞。

昔为江上潮，今为山中云。

江上潮有声，山中云无情。

一年足自念，况复百年长？

但存松柏心，天地真茫茫。

赴　阙

　　宋恭帝德祐元年（1275年），南宋王朝已面临灭亡的最后关头。元军长驱直入，势不可当，宋军望风披靡，土崩瓦解。年底，元军攻破宋军最后一道屏障独松关，造成兵临临安城下的严重局面。文天祥身当国难，挺身而出，力图以独木支撑已倾的大厦。年初，奉勤王诏聚兵积粮，以家产充军费。这首诗就是描写赴宫门陈大计时的心情。

楚月穿春袖，吴霜透晓鞯。

壮心欲填海，苦胆为忧天。

役役惭金注，悠悠欢瓦全。

丈夫竟何事？一日定千年。

自　叹

　　宋恭帝德祐二年（1276年）正月十八日，元军统帅伯颜率军进至高亭山（一作皋亭山），离临安修门只有三十里。南宋王朝危在旦夕，右丞相陈宜中逃回永嘉，临安城一片混乱。十九日晨，文天祥被任命为枢密使；午时，又拜右丞相兼枢密使，都督诸路兵马。二十日，文天祥和吴坚、谢堂、贾余庆、邓惟善到元营见伯颜，竟被元军扣留，胁迫北上。此诗作于北上途中。

长安不可诣，何故会皋亭？
倦鸟非无翼，神龟弗自灵。
乾坤增感慨，身世付飘零。
回首西湖晓，雨余山更青。

铁　错

　　此诗作于被元军胁迫北上途中。文天祥引用这个典故，痛悔自己赴元营的失策，使得勤王将士群龙无首，失去挽救危局的机会。诗中感慨自己是老马迷路，羝羊触藩，本想做一个挽狂澜于既倒的郭子仪，反而因此铸成大错。

貔貅十万众，日夜望南辕。
老马翻迷路，羝羊竟触藩。
武夫伤铁错，达士笑金昏。
单骑见回纥，汾阳岂易言！

常　州

　　德祐二年（1276年）正月，文天祥出使元营，被强行扣留、胁迫北上。二月中旬，乘船经过常州，有感于元军的残酷杀戮而作此诗。

山河千里在，烟火一家无。
壮甚睢阳守，冤哉马邑屠！
苍天如可问，赤子果何辜？
唇齿提封旧，抚膺三叹吁。

金陵驿（二首）

文天祥被元军俘虏后押解北上，途经金陵驿舍所作。第一首是传诵久远的名篇。诗中记述了在元军铁蹄践踏下金陵一片荒凉残破，城郭荒芜，人民流散的惨景，抒写了深沉的亡国之痛，表达了至死不渝的爱国情怀。草舍斜阳，芦花飘飞，衬托出一种沉郁凄迷的意境，具有强烈的艺术感染力。第二首写山河易主，帝室蒙尘，自己只能为失去的故国啼血哀呼，表达自己严守节操的心志。

其 一

草合离宫转夕晖，孤云飘泊复何依？

山河风景元无异，城郭人民半已非。

满地芦花和我老，旧家燕子傍谁飞？

从今别却江南日，化作啼鹃带血归。

其 二

万里金瓯失壮图，衮衣颠倒落泥涂。

空流杜宇声中血，半脱骊龙颔下须。

老去秋风吹我恶，梦回寒月照人孤。

千年成败俱尘土，消得人间说丈夫！

真州杂赋（七首选四）

文天祥在被元军胁迫北上途中，从京口（今江苏镇江）走脱，回到南宋控制下的真州（今江苏仪征）。在真州写的组诗《真州杂赋》表现了他逃离元军魔掌后的心情和志向：归来的喜悦，对元军的嘲弄，对叛徒的鞭挞以及兴复宋室的理想。

一

四十羲娥落虎狼，今朝骑马入真阳。

山川莫道非吾土，一见衣冠是故乡。

二

便把长江作界河，负舟半夜诉烟波。

明朝方觉田文去，追骑如云可奈何？

三

十二男儿夜出关，晓来到处捉南冠。

博浪力士犹难觅，要觅张良更是难！

四

公卿北去共低眉，世事兴亡付不知。

不是谋归全赵璧，东南那个是男儿！

稽庄即事

　　文天祥到达高邮后，因误会，大将李庭芝制止各城守将开城接纳他。文天祥只得乘船而去。三月初七晚上到达稽家庄。是时，作此诗。

乃心王室故，日夜奔南征。

蹈险宁追悔，怀忠莫见明。

雁声连水远，山色与天平。

枉作穷途哭，男儿付死生！

泰 州

泰州，又名海陵（今江苏泰州），文天祥于德祐二年三月三十日至此。这首诗表达了他对家国深切的思念和急于赶去会见家人、晋谒二王的心情。

羁臣家万里，天目鉴孤忠。

心在坤维外，身游坎窞中。

长淮行不断，苦海望无穷。

晚鹊传佳好，通州路已通。

纪 闲

文天祥在泰州逗留十多天，苦苦寻找去通州的机会。此诗概括了三个月来的坎坷经历：春光大好，却在生死关头辗转；饱阅了人情冷暖，尝尽了世路艰险；随机应变于经行之处，生死决定于谈笑之间。因而更觉得这十多天的闲适分外难得，倍值珍惜。

九十春光好，周流人鬼关。

人情轻似土，世路险于山。

俯仰经行处，死生谈笑间。

近时最难得，旬日海陵闲。

扬子江

历经磨难，九生一死，文天祥一行终于渡过扬子江。诗中最后两句已成千古名句，是文天祥面对滔滔江水发出的钢铁誓言，反映了他心向南宋、宁死南归的爱国之情。

几日随风北海游，回从扬子大江头。

臣心一片磁针石，不指南方不肯休。

至永嘉

文天祥历经千难万险来到永嘉。这首诗抒写初到永嘉时的心情：经过万里奔驰，往事不堪回首：老母寄居惠州，自己仓皇奔窜于扬子江中，没想到终于能逃脱魔爪，回到故国。最后表达了对未来的乐观展望。

万里风霜鬓已丝，飘零回首壮心悲。

罗浮山下雪来未，扬子江心月照谁？

只谓虎头非贵相，不图羝乳有归期。

乘潮一到中川寺，暗度中兴第二碑。

过零丁洋

祥兴元年（1278年）十二月二十日，文天祥在五坡岭（今广东海丰境内）被元军俘虏。次年正月十三日被押解北上经过崖山。元军统帅张弘范要文天祥写信招降张世杰。文天祥严词拒绝："我不能救父母，乃教人背父母，可乎？"并写了这首诗交给张弘范。诗中回顾了自己考中状元后，从德祐元年（1275年）起兵勤王至今，四年来不平凡的经历，最后表明宁可一死报国流芳青史，绝不变节投降的决心。"人生自古谁无死，留取丹心照汗青"二句，给后世的志士仁人以极大的鞭策和鼓励。

辛苦遭逢起一经，干戈寥落四周星。

山河破碎风飘絮，身世浮沉雨打萍。

惶恐滩头说惶恐，零丁洋里叹零丁。

文天祥诗文选

人生自古谁无死，留取丹心照汗青。

二月初六海上大战，国事不济，孤臣文天祥坐北舟中。

祥兴二年（1279年）二月初六，宋军仅存的主力部队由张世杰率领，在崖山海面与元军统帅张弘范的主力部队展开了最后的决战。决战结果是宋军全军覆没，陆秀夫背负年仅八岁的小皇帝赵昺跳海而死，宋室臣僚妃嫔投海者不计其数。几天后，崖山海面浮尸达十几万具。文天祥被元军拘押在船上，目睹了崖山海上大决战的全过程，对于战事的惨烈，崖山行朝的覆灭都一一亲见，内心痛苦不堪，一直想跳海自杀，而没有机会。于是，他写了这首诗，长歌当哭，祭奠覆灭的行朝和死难的烈士。

长平一坑四十万，秦人欢欣赵人怨。

大风扬沙水不流，为楚者乐为汉愁。

兵家胜负常不一，纷纷干戈何时毕？

必有天吏将明威，不嗜杀人能一之。

我生之初尚无疚，我生之后遭阳九。

厥角稽首并二州，正气扫地山河羞。

身为大臣义当死，城下师盟愧牛耳。

间关归国洗日光，白麻重宣不敢当。

出师三年劳且苦，咫尺长安不得睹。

非无貔虎士如林，一日不戒为人擒。

楼船千艘下天角，两雄相遭争喷薄。

古来何代无战争，未有锋猬交沧溟。

游兵日来复日往，相持一月为鹬蚌。

南人志欲扶昆仑，北人气欲黄河吞。

一朝天昏风雨恶，炮火雷飞箭星落。

谁雌谁雄顷刻分，流尸漂血洋水浑。

昨朝南船满崖海，今朝只有北船在。

昨夜两边桴鼓鸣，今夜船船酣睡声。

北兵去家八千里，椎牛酾酒人人喜。

唯有孤臣两泪垂，冥冥不敢向人啼。

六龙杳霭知何处？大海茫茫隔烟雾。

我欲借剑斩佞臣，黄金横带为何人！

南安军

南安军在今江西大余县。文天祥被元军押解北上，于至元十六年（1279年）五月初四出大庾岭，至南安军。这首诗表达了文天祥身为俘囚而过故乡的复杂心情，同时表达了与敌人誓不两立的决心。

梅花南北路，风雨湿征衣。

出岭谁同出？归乡如不归。

山河千古在，城郭一时非。

饿死真吾事，梦中行采薇。

吊战场

淮水是宋元战争的主要战场之一。文天祥被羁押北上途中，凭吊旧战场，想起连年战争给人民带来的生命财产的惨重损失，愤怒谴责元朝军事统治集团得寸进尺、欲壑难填，相信人民终将获得最后胜利。

连年淮水上，死者乱如麻。

魂魄丘中土，英雄粪上花。

士知忠厥主，人亦念其家。

夷德无厌甚，皇天定福华。

乱离歌五首

《乱离歌》是一组诗，作于文天祥被押送北上途中，诗中悲叹妻、妹、女、子和自己在战乱中的惨痛遭遇，表达了对亲人的深切思念和国破家亡的深深痛惜。

一

有妻有妻出糟糠，自少结发不下堂。

乱离中道逢虎狼，凤飞翩翩失其凰，

将雏二三去何方？

岂料国破家亦亡，不忍舍君罗襦裳。

天长地久终茫茫，牛女夜夜遥相望。

呜呼一歌兮歌正长，悲风北来起彷徨。

二

有妹有妹家流离，良人去后携诸儿。

北风吹沙塞草凄，穷猿惨淡将安归？

去年哭母南海湄，三男一女同嘘唏，

惟汝不在割我肌。

汝家零落母不知，母知岂有瞑目时！

呜呼再歌兮歌孔悲，鹡鸰在原我何为？

三

有女有女婉清扬，

文天祥

大者学帖临钟王，小者读书声琅琅。

朔风吹衣白日黄，一双白璧委道旁。

雁儿雁儿秋无粱，随母北去谁人将？

呜呼三歌兮歌愈伤，非为儿女泪淋浪。

四

有子有子风骨殊，释氏抱送徐卿雏，

四月八日摩尼珠。榴花犀钱络绣襦，

兰汤百沸香似酥，欻随飞藿飘泥涂。

汝兄十三骑鲸鱼，汝今三岁知在无？

呜呼四歌兮歌以吁，灯前老我明月孤。

五

我生我生何不辰？孤根不识桃李春。

天寒日短重愁人，北风吹随铁马尘。

初怜骨肉钟奇祸，而今骨肉更怜我。

汝在北兮婴我怀，我死谁当收我骸！

人生百年何丑好？黄粱得丧俱草草。

呜呼六歌兮勿复道，出门一笑天地老。

正气歌

　　1279年文天祥被押解至元大都（今北京）。在狱中三年，受尽各种威逼利诱，但始终坚贞不屈。1281年夏，在湿热、腐臭的牢房中，文天祥写下了与《过零丁洋》一样名垂千古的《正气歌》。

　　　　天地有正气，杂然赋流形。

下则为河岳，上则为日星。

于人曰浩然，沛乎塞苍冥。

皇路当清夷，含和吐明庭。

时穷节乃见，一一垂丹青。

在齐太史简，在晋董狐笔。

在秦张良椎，在汉苏武节。

为严将军头，为嵇侍中血。

为张睢阳齿，为颜常山舌。

或为辽东帽，清操厉冰雪。

或为出师表，鬼神泣壮烈。

或为渡江楫，慷慨吞胡羯。

或为击贼笏，逆竖头破裂。

是气所磅礴，凛烈万古存。

当其贯日月，生死安足论。

地维赖以立，天柱赖以尊。

三纲实系命，道义为之根。

嗟予遘阳九，隶也实不力。

楚囚缨其冠，传车送穷北。

鼎镬甘如饴，求之不可得。

阴房阗鬼火，春院闭天黑。

牛骥同一皁，鸡栖凤凰食。

一朝蒙雾露，分作沟中瘠。

如此再寒暑，百疠自辟易。

哀哉沮洳场，为我安乐国。

岂有他缪巧，阴阳不能贼。

顾此耿耿存，仰视浮云白。

悠悠我心悲，苍天曷有极。

哲人日已远，典刑在夙昔。

风檐展书读，古道照颜色。

词

南康军和东坡《酹江月》

　　文天祥的词作不多，但不同凡响，在词坛应占一席之地。清人刘熙载《艺概·词曲概》评论道："文文山词有'风雨如晦，鸡鸣不已'之意，不知者以为变声，其实乃变之正也。故词当合其人之境地以观之。"王国维先生也说："文文山词，风骨甚高，亦有境界，远在圣与、叔夏、公谨（指宋代词人王沂孙、张炎、周密）诸公之上。"

　　下面这首词写于1279年被俘北行途中，词牌名是念奴娇，和的是苏轼《赤壁怀古》，沉雄壮阔，饱含深情。

　　庐山依旧，凄凉处、无限江南风物。空翠晴岚，浮汗漫，还障天东半壁。雁过孤峰，猿归老嶂，风急波翻雪。乾坤未歇，地灵尚有人杰。

　　堪嗟飘泊孤舟，河倾斗落，客梦催明发。南浦闲云连草树，回首旌旗明灭。三十年来，十年一过，空有星星发！夜深愁听，清笳吹彻寒月。

酹江月·驿中言别友人

　　1279年文天祥被俘北上，从建康（今南京）驿舍出发时惜别因病留寓建康的战友邓光荐，而作此词。词的上片抒写抗元失败、壮志难酬及

附录一
文天祥诗文选

国破家亡的仇恨；下片回顾过去奉使斥敌，立志将来一死报国，坚信抗元斗争必定胜利，并表达了对战友的深切关怀。全词写得慷慨悲凉，集中反映了文天祥后期的创作风格。

水天空阔，恨东风、不惜世间英物。蜀鸟吴花残照里，忍见荒城颓壁。铜雀春情，金人秋泪，此恨凭谁雪？堂堂剑气，斗牛空认奇杰。

那信江海余生，南行万里，属扁舟齐发。正为鸥盟留醉眼，细看涛生云灭。睨柱吞嬴，回旗走懿，千古冲冠发。伴人无寐，秦淮应是孤月。

酹江月·和友人

这首词是继《驿中言别友人》之后的又一首力作，用的是苏轼《念奴娇·赤壁怀古》原韵，"友人"也是指邓光荐。

乾坤能大，算蛟龙、元不是池中物。风雨牢愁无着处，那更寒蛩四壁！横槊题诗，登楼作赋，万事空中雪。江流如此，方来还有英杰。

堪笑一叶飘零，重来淮水，正凉风新发。镜里朱颜都变尽，只有丹心难灭。去去龙沙，江山回首，一线青山如发。故人应念，杜鹃枝上残月。

文

《指南录》后序

这是文天祥为自己的诗集《指南录》所作的序。文中回顾了他出使元军被扣留，逃出后历尽艰险，多次濒临死亡的经过，抒发了誓死报国的慷慨豪情。他写这篇序之前，已经为诗集写了《自序》，故本篇为

"后序"。

文章简略概括地叙述了作者出使元营、面斥敌酋叛徒、被扣押冒死脱逃、颠沛流离、万死南归的传奇式冒险经历，反映了民族英雄文天祥坚定不移的战斗意志、忠贞不屈的民族气节和生死不渝的爱国激情，是古代散文的名篇。

德祐二年正月十九日，予除右丞相，兼枢密使，都督诸路军马。时北兵已迫修门外，战、守、迁皆不及施。缙绅、大夫、士萃于左丞相府，莫知计所出。会使辙交驰，北邀当国者相见，众谓予一行为可以纾祸。国事至此，予不得爱身，意北亦尚可以口舌动也。初，奉使往来，无留北者，予更欲一觇北，归而求救国之策。于是辞相印不拜，翌日，以资政殿学士行。

初至北营，抗辞慷慨，上下颇惊动，北亦未敢遽轻吾国。不幸吕师孟构恶于前，贾余庆献谄于后，予羁縻不得还，国事遂不可收拾。予自度不得脱，则直前诟虏帅失信，数吕师孟叔侄为逆，但欲求死，不复顾利害。北虽貌敬，实则愤怒，二贵酋名曰馆伴，夜则以兵围所寓舍，而予不得归矣。

未几，贾余庆等以祈请使诣北。北驱予并往，而不在使者之目。予分当引决，然而隐忍以行。昔人云："将以有为也。"至京口，得间奔真州，即具以北虚实告东西二阃，约以连兵大举。中兴机会，庶几在此。留二日，维扬帅下逐客之令。不得已，变姓名，诡踪迹，草行露宿，日与北骑相出没于长淮间。穷饿无聊，追购又急，天高地迥，号呼靡及。已而得舟，避渚洲，出北海，然后渡扬子江，入苏州洋，辗转四明、天台，以至于永嘉。

呜呼！予之及于死者，不知其几矣！诋大酋，当死；骂逆贼，当死；与贵酋处二十日，争曲直，屡当死；去京口，挟匕首以备不测，几自刭死；经北舰十余里，为巡船所物色，几从鱼腹死；真州逐之城门外，几彷徨死；如扬州，过瓜洲扬子桥，竟使遇哨，无不死；扬州城下，进退不由，殆例送死；坐桂公塘土围中，骑数千过其门，几落贼手死；贾家庄几为巡徼所陵迫死；夜趋高邮，迷失道，几陷死；质明，避哨竹林中，逻者数十骑，几无所逃死；至高邮，制府檄下，几以捕系死；行城子河，出入乱尸中，舟与哨相后先，几邂逅死；至海陵，如高沙，常恐无辜死；道海安、如皋，凡三百里，北与寇往来其间，无日而非可死；至通州，几以不纳死；以小舟涉鲸波出，无可奈何，而死固付之度外矣！呜呼！死生，昼夜事也，死而死矣，而境界危恶，层见错出，非人世所堪。痛定思痛，痛何如哉！

予在患难中，间以诗记所遭，今存其本，不忍废，道中手自抄录。使北营，留北关外，为一卷；发北关外，历吴门、毗陵，渡瓜洲，复还京口，为一卷；脱京口，趋真州、扬州、高邮、泰州、通州，为一卷；自海道至永嘉、来三山，为一卷。将藏之于家，使来者读之，悲予志焉。

呜呼！予之生也幸，而幸生也何为？所求乎为臣，主辱，臣死有余僇；所求乎为子，以父母之遗体，行殆而死，有余责。将请罪于君，君不许；请罪于母，母不许；请罪于先人之墓，生无以救国，死犹为厉鬼以击贼，义也。赖天之灵、宗庙之福，修我戈矛，从王于师，以为前驱，雪九庙之耻，复高祖之业，所谓誓不与贼俱生，所谓鞠躬尽力，死而后已，亦义也。嗟夫！若予者，将无往而不得死所矣。向也，使予委骨于草莽，予虽浩然无所愧怍，然微以自文于君亲，君亲其谓予何？诚不自意，返吾衣冠，重见日月，使旦夕得正丘首，复何憾哉！复何憾哉！

是年夏五，改元景炎，庐陵文天祥自序其诗，名曰《指南录》。

译文：

　　德祐二年二月十九日，我被授予右丞相兼枢密使，统率全国各省兵马。当时元兵已经逼近临安城外，交战、防守、迁都都来不及了。满朝官员会集在左丞相吴坚府邸，没有人知道该怎么办。正当双方使者往来频繁之时，元军邀约宋朝主持国事的人前去见他们，大家认为我去一趟是可以缓解祸患的。国事到了这种地步，我不能顾惜自己了；估计元方也是可以用言词打动的。当初，使者奉命往来，并没有被元扣留的，我就更想窥探一下元方的虚实，回来谋求救国的计策。于是，辞去右丞相职位，第二天，以资政殿学士的身份前往。

　　我刚到北营时，陈辞不屈，意气激昂，元军上下都很惊慌震动，他们也未敢立即轻视我国。可不幸的是，吕师孟先在元人面前说我的坏话，贾余庆又在后来讨好敌人献媚，于是我被软禁不能回国，国事就不可整治了。我暗自揣度不能脱身，就径直上前痛骂元军统帅不守信用，列举吕师孟叔侄叛国的罪状，只求一死，不再顾及个人的安危。元军虽然在表面上表示尊敬我，实际上却很愤怒，两个贵官名义上是到宾馆来陪伴使者，夜晚就派兵包围我住的地方，我就不能回国了。

　　不久，贾余庆等以祈请使的身份到元京大都去，我被元军驱使一同前往，但不列入使者的名单。我按理应当自杀，然而仍然含恨忍辱地前去。正如古人所说："将要有所作为啊！"

　　到了京口，得到机会逃往真州，我立即全部把元方的虚实情况告诉淮东、淮西两位制置使，约定联兵来大举反攻。宋朝由衰落而复兴的机会，差不多就在此了。我停留了两天，驻守维扬的统帅下了逐客令。不得已，我只能改变姓名，隐蔽踪迹，在荒草间行进，在露天下休息。日日与元军在淮东路相遇。困窘饥饿，无依无靠，元军悬赏追捕得又很紧急，天高地远，叫天天不应，叫地地不灵。不久得到一条船，在沙洲上躲避，逃出江口以北的海面，然后渡过扬子江口，进入苏州洋，辗转在四明、天台等地，最后到达永嘉。

唉！我到达死亡的境地不知有多少次了！痛骂元军统帅该当死，辱骂叛国贼该当死；与元军高官相处二十天，争论是非曲直，多次该当死；离开京口，带着匕首以防意外，差点想要自杀；经过元军兵舰停泊的地方十多里，被巡逻船只搜寻，几乎落入鱼腹而死；在真州被逐到城门之外，几乎走投无路而死；到扬州，路过瓜洲扬子桥，假使遇上元军哨兵，没有不死的；扬州城下，进退不能自主，几乎等于送死；坐在桂公塘的土围中，元军数千骑兵从门前经过，几乎落到敌人手中而死；在贾家庄几乎被巡察兵凌辱逼迫而死；夜晚逃向高邮，迷失道路，几乎陷没而死；天刚亮的时候，到竹林中躲避哨兵，有好几十名巡逻的骑兵，几乎无处逃避而死；到了高邮，制置使官署的通缉令下达，几乎被捕而死；经过城子河，在乱尸中出入，我乘的船和敌方哨船一前一后行进，几乎不期而遇被杀死；到海陵，往高沙，常担心无罪而死；经过海安、如皋，总计三百里，元兵与盗贼往来其间，没有一天不可能死；到通州，几乎由于不被收留而死；靠了一条小船渡过巨浪，实在无可奈何，对于死本已置之度外了！唉！死和生，是早晚的事情，死就死了，可是像我这样处境艰难险恶，坏事层叠交错涌现，实在不是人世间所能忍受的。痛苦平定以后，再去追思当时的痛苦，那是何等的悲痛啊！

我在患难中，有时用诗记述个人的遭遇，现在还保存着那些底稿，不忍心废弃，在逃亡路上亲手抄录。现在将出使元营，被扣留在北门外的诗文作为一卷；从北门外出发，经过吴门、毗陵，渡过瓜洲，又回到京口的诗文作为一卷；逃出京口，奔往真州、扬州、高邮、泰州、通州的诗文作为一卷；从海路到永嘉、来三山的诗文作为一卷。我将把这些诗稿收藏在家中，使后来的人读了它，同情我的志向。

唉！我能死里逃生算是幸运了，可幸运地活下来要干什么呢？所要

求于作为忠臣的事，国君受到侮辱，做臣子的即使死了也还是有罪的；所要求于作为孝子的事，用父母留给自己的身体去冒险，即使死了也有罪责。要向国君请罪，国君不答应；向母亲请罪，母亲不答应；我只好向祖先的坟墓请罪。人活着不能拯救国难，死后还要变成恶鬼去杀贼，这才是合乎情理的行为；依靠上天的神灵、祖宗的福泽，修整武备，跟随国君出征，作为先锋，洗雪朝廷的耻辱，恢复开国皇帝的事业，也就是古人所说的"誓不与贼共存"，"恭敬谨慎地竭尽全力，直到死了方休"，这也是义。唉！像我这样的人，在任何地方都可以找到我的死地。以前，假使我丧身在荒野里，我即使正大光明问心无愧，但也不能掩饰自己对国君、对父母的过错，国君和父母会怎么讲我呢？实在料不到我终于返回宋朝，重整衣冠，又见到皇帝和皇后，即使立刻死在故国的土地上，我还有什么遗憾呢！还有什么遗憾呢！

这一年夏天五月，改年号为景炎，庐陵文天祥为自己的诗集作序，命名为《指南录》。

狱中家书

这是文天祥在狱中写给继子文升的家书，写作时间是辛巳岁（1281年，作者就义前一年）正月初一。文天祥用曲笔告诫文升，要认真领会"圣人之志"，在此基础上继承自己的遗志，做个真正的"孝子"。

父少保、枢密使、都督、信国公批付男陞子：汝祖革斋先生以诗礼起门户，吾与汝生父及汝叔同产三人。前辈云：兄弟其初，一人之身也。吾与汝生父俱以科第通显，汝叔亦致簪缨。使家门无虞，骨肉相保，皆奉先人遗体以终于牖下，人生之常也。不幸宋遭阳九，庙社沦亡，吾以备位将相，义不得不殉国；汝生父与汝叔姑全身以全宗祀。惟宗惟孝，各行其志矣。

　　吾二子，长道生，次佛生。佛生失之于乱离，寻闻已矣。道生，汝兄也，以病没于惠之郡治，汝所见也。呜呼，痛哉！吾在潮阳，闻道生之祸，哭于庭，复哭于庙，即作家书报汝生父，以汝为吾嗣。兄弟之子曰犹子。吾子必汝，义之所出，心之所安，祖宗之所享，鬼神之所依也。及吾陷败，居北营中，汝生父书自惠阳来，曰："陞子宜为嗣，谨奉潮阳之命。"及来广州为死别，复申斯言。传云：不孝，"无后为大"。吾虽孤子于世，然吾革斋之子，汝革斋之孙，吾得汝为嗣，不为无后矣。吾委身社稷，而复逭不孝之责，赖有此耳。

　　汝性质闿爽，志气不暴，必能以学问世吾家。吾为汝父，不得面日训汝诲汝。汝于"六经"，其专治《春秋》。观圣人笔削褒贬、轻重内外，而得其说，以为立身行己之本。识圣人之志，则能继吾志矣。吾网中之人，引决无路，今不知死何日耳。《礼》："狐死正丘首。"吾虽死万里之外，岂顷刻而忘南向哉！吾一念已注于汝，死有神明，厥惟汝歆。仁人之事亲也，事死如事生，事亡如事存，汝念之哉！岁辛巳元日书于燕狱中。

译文：

　　父少保、枢密使、都督、信国公书付嗣子陞儿：你的祖父革斋先生以读书起家，我和你的生父及你叔父三人都是他所生。前辈们说：兄弟在最初的时候，是一个人的身子。我和你生父都是由科举考试而官居显要的，你叔父也做了官。假如家中不出意外，兄弟们会互相保护，都爱惜好先人留给我们的身体终老于家中，这是人生的纲常道义。不幸的是宋家王朝遭遇到灾殃，宗庙社稷沦丧了，灭亡了。我身居宋朝将相的显位，道义上不能不为国献身；你的生父和叔父姑且保全身体以延续宗族的祀典。我和他们在忠孝问题上选择点不同，各行其志吧。

　　我的两个儿子，大的叫道生，小的叫佛生。佛生在战乱中走失，不久听说已死了。道生是你的哥哥，因病死在惠州州府，你是看见的。啊，多么令人伤心啊！我在潮阳听到道生的噩耗，在庭院里哭，在家庙里又哭，马上写家信给你的生父，把你作为我的嗣子。兄弟的儿子叫作犹子。我的嗣子非你不行，道义从此而出，我心因此而安，祖宗因此可以得到祭祀，鬼神因此才有凭依。当我兵败被俘拘留北兵营中，你生父从惠阳寄信来说："陞儿适合做您的嗣子，我恭谨地遵照您在潮阳的意思办。"后来他到广州来和我作死别，又重申这话。经典上说："不孝的最大罪责就是无后嗣。"我虽然在世上孤苦伶仃，但我是革斋先生的儿子，你是革斋先生的孙子，我得到你做嗣子，就不算无后嗣了。我献身于国家，又可逃避不孝的罪责，全靠这件事了。

你生性乐观豪爽，意志心气都平和，将来一定能够凭学问光耀我们的门庭。我身为你的父亲，不能够每天面对面训导你、教诲你。你在修习"六经"的时候，要特别用心研究《春秋》，探究其中所记载、所删除的内容，所褒扬和贬损的人事，所轻蔑和重视的东西以及对内外的分置，求得书中的精粹，把它作为立身处世的根本。认识到圣人的志向，就能够继承我的意志了。我是罗网中的人，想自杀都办不到，还不知道死在哪天呢。《礼记》说："狐狸死的时候一定要把头向着巢穴所在的山丘。"我即使死在距离家乡万里之外，哪有一时一刻忘记向着南方呢！我的一切意念都已倾注在你身上，如果死后有神明存在，一定只享你的贡献。仁人君子侍奉父母，对待死者有如对待生者，对待亡者犹如对待存者，你要牢记啊！辛巳岁正月初一书于燕山狱中。

附录二

文天祥年谱

宋理宗端平三年（1236年）

五月初二（6月6日）子时，文天祥诞生于江南西路庐陵县顺化乡富川，取名云孙。

前年，蒙、宋联军攻灭金国。去年，蒙古背信弃义出兵侵宋。是年，蒙古军继续攻宋。

淳祐元年（1241年） 六岁

文天祥开始入塾读书，由父亲文仪亲自授课，书斋名曰"竹居"。

淳祐三年（1243年） 八岁

从这一年开始，文天祥常随母亲曾德慈去太和梅溪外祖父曾珏家做客，或与曾氏子孙一起在梅溪下泽曲江亭上读书。

淳祐十年（1250年） 十五岁

宋理宗为阎贵妃建功德寺，大兴土木，官吏乘机横征暴敛。

淳祐十一年（1251年） 十六岁

六月，蒙古立蒙哥为大汗，是为宪宗。蒙哥以皇弟忽必烈领漠南军事。

淳祐十二年（1252年） 十七岁

文天祥游学于万安鳌溪书院。

十月，蒙古军掠成都、攻嘉定，四川大震。

宋理宗宝祐三年（1255年） 二十岁

春，文天祥入吉州白鹭洲书院读书，以欧阳守道为师。

文天祥原名云孙，小字从龙，八月间以"文天祥"为名参加乡试，并改字"履善"。乡试结果，文天祥与其弟文璧同时被录取为贡士。

十二月十五日，文天祥与文璧邀父亲同行启程去临安参加省试。

宝祐四年（1256年） 二十一岁

五月二十四日殿试宣榜，文天祥中第一甲第一名进士及第。

五月二十八日夜，文仪病逝。

宝祐六年（1258年） 二十三岁

二月，蒙古军分三路攻宋：蒙哥汗亲自攻蜀；忽必烈攻鄂州；兀良合台自交、广北上，会师于鄂州。

八月，文天祥居丧期满，在家闭门读《礼》，但仍无日不思为国效力。

宋理宗开庆元年（1259年） 二十四岁

正月，文天祥陪文璧赴临安参加殿试。

五月，殿试结束，文璧得中进士。

七月，蒙哥汗在攻合州钓鱼城时因受伤病死。

闰十一月，忽必烈撤军回蒙古争夺汗位，鄂州围解。贾似道向朝廷谎报战功。

宋理宗景定元年（1260年） 二十五岁

二月，朝廷改任文天祥为镇南军节度判官厅公事，文天祥乞求奉祠，朝廷遂差他主管建昌仙都观。

三月，蒙古忽必烈称大汗于开平，是为世祖。

景定二年（1261年）二十六岁

十月初二，朝廷任文天祥为秘书省正字，辞免不准。

景定三年（1262年）二十七岁

十一月，文天祥到达瑞州出任知州。

景定五年（1264年）二十九岁

十月，朝廷任文天祥为礼部郎官。文天祥在瑞州政绩卓著，遗爱在民，民间颂声不绝。

十月二十六日，理宗皇帝驾崩，太子赵禥继位。

十一月，朝廷改任文天祥为江西提刑。

宋度宗咸淳元年（1265年）三十岁

二月，文天祥就职江西提刑，他平反冤狱，宽宥罪犯，消除寇患，支持纸币流通，颇有政绩。

咸淳三年（1267年）三十二岁

二月，贾似道为平章军国重事，专擅政权，排斥正直之士。

九月，朝廷以文天祥为尚书左司郎官，辞免不允，十二月赴京供职。

咸淳四年（1268年）三十三岁

正月，文天祥兼任学士院权直，又兼国史院编修官、实录院检讨官。同月，台臣黄镛奏免了文天祥所居官职。文天祥回家隐居。

九月，蒙古军始围襄、樊。

是年冬至，朝廷以文天祥为福建提刑，未及赴任，即被台臣陈懋钦奏免此新任命官职。

咸淳五年（1269年） 三十四岁

四月，朝廷差文天祥知宁国府。

咸淳七年（1271年） 三十六岁

是年，文天祥起宅文山。他不求财利，布衣粗食，唯悠游山水，意常超然。

冬至，朝廷任命文天祥为湖南运判，即被台臣陈坚奏罢。

十一月十五日，蒙古建国号"大元"，加强了对南宋战略要地襄、樊的围攻。文天祥见国难当头，忧心如焚，立即停止在文山的建宅工程。

咸淳九年（1273年） 三十八岁

二月，京西安抚副使、知襄阳府吕文焕以城降元。

正月朝廷任文天祥为湖南提刑，五月初一至衡阳湖南提刑任所。

夏，文天祥去长沙谒见湖南安抚大使兼知潭州江万里，江万里托以救国之责。

文天祥任湖南提刑，在整顿吏治、处理积案、平反错案方面颇有政绩。

冬，改任知赣州。

咸淳十年（1274年） 三十九岁

三月初三，文天祥抵赣州，上《知赣州谢皇帝表》，表示将以仁义忠孝治郡。因此，他日夜勤政，平易近民，力争时和岁丰。

六月，元帝忽必烈命诸将率兵南侵。

七月，宋度宗驾崩，年仅四岁的赵显继位，是为宋恭帝。

十二月，元兵占领鄂州，东下直逼临安。宋廷以贾似道都督诸路军马，并诏天下勤王。

宋恭帝德祐元年（1275年） 四十岁

正月，宋黄、蕲以下长江沿岸诸州、军望风降元。贾似道出师。

正月十三日，文天祥接到勤王诏书，即于正月十六日传檄响应。他积极招募义兵，并捐家产助军，很快组成了三万人的勤王军。

二月，贾似道不战而溃，逃往扬州，被罢职。

九月，朝廷任文天祥为浙西江东制置使兼江西安抚大使、知平江府。十月初九，文天祥启程去平江，上奏乞斩叛臣吕文焕之侄吕师孟衅鼓以振士气。十月十五日抵平江。元兵攻常州，十月二十六日，文天祥派尹玉、麻士龙、朱华领兵三千往援，败于五木。

德祐二年，五月改景炎元年（1276年） 四十一岁

正月初二，宋廷任命文天祥知临安府，辞不拜。文天祥率帐兵二千入卫京城，建议命吉王赵昰、信王赵昺出镇闽、广，以图复兴。

正月十八日，元丞相伯颜至皋亭山。宋太皇太后谢道清奉表和传国玺向元乞降。

正月十九日，宋廷以文天祥为右丞相兼枢密使、都督诸路军马，辞不拜。

二十日，文天祥以资政殿学士身份出使元营，据理力争，辞旨慷慨，伯颜将他拘留。

二月十八日至镇江。夜间，文天祥与随从杜浒等共十二人逃离镇江前往真州。历尽艰险，经扬州、高邮、海陵，于三月二十四日到达通州。

宋端宗景炎二年（1277年） 四十二岁

正月，元兵攻汀州。正月十二日，文天祥离汀州，迁同督府往漳州龙岩。元军派宋叛臣招降文天祥，文天祥写《正月书》拒绝劝降。

二月，元兵占领广州，广东各州大部沦陷。

三月，文天祥率同督府军占领梅州，文璧自惠州带全家人前来相会。

五月，文天祥率军进入赣南，占领会昌县。六月初三，大败元兵，攻占雩都。六月二十一日，同督府进驻兴国县。

七月，文天祥派兵围攻赣州、吉州。龙泉、永新、永丰、吉水、万安五县相继收复。福建汀州斩伪天子黄从。临江军、洪州、袁州、瑞州等地豪杰纷起响应，大江以西有席卷包举之势。淮西兵收复兴国军，黄州收复寿昌军，号令通于江淮。

八月，元将李恒自隆兴派兵支援赣州，并亲率大军袭击兴国县。八月十五日，文天祥兵败于兴国，决定去永丰。元兵穷追，同督府军败于太和钟步村，再败于庐陵东固方石岭。八月二十七日，文天祥至永丰县空坑，被元兵追及。文天祥虽逃脱了险境，但其妻欧阳氏、妾颜氏和黄氏、次子佛生、二女柳娘、三女环娘皆被俘；佛生被人救出并收养；同督府损失惨重。

十月，文天祥收拾残部再入汀州，然后出会昌、经安远，于十一月到达广东循州，屯兵南岭。

十一月，南宋行朝从浅湾逃至秀山，又转移去井澳，左丞相陈宜中离开行朝逃往占城。

景炎三年，五月改元祥兴（1278年） 四十三岁

二月，文天祥进军惠州海丰县。三月，文天祥进驻丽江浦，派人四处寻访行朝下落。

三月，行朝从海上辗转迁到碙州。四月十五日，年仅十一岁的景炎帝赵昰病死，八岁的卫王赵昺继位，五月初一改元祥兴。

六月初七，行朝又迁往新会县之崖山。文天祥移同督府至船澳，要求去崖山觐见皇帝，被枢密副使张世杰所阻。

八月，行朝授文天祥少保信国公，职任依旧。其时疫病流行，文天祥多次请求移军入朝合兵抗元，却一直遭到拒绝，他十分愤懑，写信给左丞相陆秀夫提出抗议。

九月初七子时，文天祥的母亲曾德慈因染疫病而死。

十一月，文天祥进驻潮州潮阳县，讨伐叛贼陈懿、刘兴，斩刘兴于和平县，并谒唐张巡、许远"双忠庙"，作《沁园春》词，以忠义自励。

十一月初九，文天祥的长子道生病死于惠州，年仅十三岁。文天祥要求文璧将其次子文陞过继给自己为子，文璧慷慨应允。

文天祥得知张弘范率元兵将攻潮州，于十二月十五日率部移往海丰，准备入南岭据险自守。十二月二十日，同督府军走到海丰以北二里的五坡岭，正在吃中饭时，元军先锋将张弘范的骑兵突然袭来。文天祥被俘，自杀未遂。同督府军被杀七千多人。文天祥的四女监娘、五女奉娘亦死于战乱之中。

宋祥兴二年（1279年） 四十四岁

正月初二，张弘范下海追寻南宋行朝，囚文天祥于舟中同行。初六从潮阳启程。初八过官富场。十二日，文天祥作《过零丁洋》诗。十三日，至崖山。十五日，张弘范要文天祥写信向宋枢密副使张世杰劝降，文天祥抄《过零丁洋》诗答张弘范。

二月初六，宋、元两军大战于崖山海上。南宋败亡，陆秀夫背祥兴帝赵昺投海殉国，战死及殉国者十余万人。文天祥目睹宋亡，作长诗痛悼。

二月中旬，张世杰在南恩州螺岛堕海溺死。

三月十三日，文天祥回广州。四月二十二日，张弘范奉旨派都镇抚石嵩押送文天祥去大都。十月初一，到达元大都。

元廷派宋叛臣留梦炎、前宋德祐帝先后去向文天祥劝降，均遭拒绝。元朝平章阿合马召见文天祥，文天祥长揖不跪。

十一月初九，元朝丞相博罗、平章张弘范提审文天祥，文天祥坚强不屈，舌战敌酋，据理驳斥，博罗恼羞成怒。

元世祖至元十七年（1280年） 四十五岁

文天祥在兵马司狱中，以作诗度日，并集杜甫诗句为五言绝句，至二月，共得二百首，编为《集杜诗》。

八月十五日，原宋朝宫廷琴师汪元量来狱中慰问文天祥，为他弹奏《胡笳十八拍》琴曲。

十月，汪元量又来狱中，文天祥作集杜诗《胡笳曲（十八拍）》书赠之，署名"浮休道人"。

元至元十八年辛巳（1281年） 四十六岁

六月，在狱中作《正气歌》。

元至元十九年（1282年） 四十七岁

正月初一，文天祥作《集杜诗》自序。

文天祥在狱中亲手编定平时所作诗文。除《指南录》《集杜诗》《指南后录》外，又自编生平经历为《纪年录》。

春，文天祥作绝笔《自赞》，准备就义时书写于衣带间。

文天祥自入狱以来始终不吃元朝官府提供的食物，只吃友人张弘毅每天送来的饭菜。

十二月初八，忽必烈召见文天祥。文天祥长揖不拜，左右打伤其膝盖，他仍坚立不跪。忽必烈劝文天祥出任元朝宰相，文天祥答道："宋亡，惟可死，不可生！"

十二月初九（1283年1月9日），忽必烈决定杀文天祥。当天，文天祥在大都柴市刑场从容就义。忽必烈突然后悔，急令停刑，而文天祥已死。

十二月初十，文天祥的妻子欧阳氏奉旨收尸，张弘毅与江南十义士前来相助，扶柩葬于都城小南门外道旁。

元至元二十年癸未 （1283年）

八月，张弘毅将文天祥骸骨带回庐陵交给文家。

元至元二十一年（1284年）

葬文天祥于富川东南十多里之鹭湖大坑。